K O R S I K A

Peter Mertz

W0060774

BRUCKMANN

Am GR 20 nahe der Paliri-Hütte

ZEICHENERKLÄRUNG ZU DEN TOURENKARTEN

A4	Autobahn
40	Hauptstraße
	Landstraße
	Nebenstraße
	Schotterstraße
- - - - -	Fußpfad
A → **E**	Tourenführung mit Anfangs- und Endpunkt
- - - -	Tourenvariante
Calvi	Sehenswerter Ort/Stadt
▲	Gipfel
‿	Pass
◆ ▼	Quelle/Wasserfall
P	Parkmöglichkeit

❄ ☀	Aussicht
✕	Einkehr
⛪ ✝	Kirche/Kloster
⌂ ⌂	Turm/Feuerwachturm/Sendemast
ℹ	Information
🏛	Museum
📊 ∴	Historische Fundstelle
⬛ 🧍	Denkmal
⋂ ⋂	Höhle/Grotte
🏰 ♫♪	Schloß/Burg/Ruine
Ⓒ Ⓒ	Camping
⬧	Hütte/Forsthaus
✳	Sehenswert
✳	Landschaftlicher Höhepunkt

VIER HAUPTKAPITEL

Einführung
Kurze Einstimmung auf das Reiseziel.

Die schönsten Wanderungen
30 Tourenvorschläge mit Kartenskizzen, Infokästen und Tipps.

Sehenswürdigkeiten von A bis Z
Die Highlights der Insel.

Reise-Informationen von A bis Z
Aktuelle Infos für die Urlaubsplanung und das Zurechtfinden vor Ort.

PIKTOGRAMME ERLEICHTERN DEN ÜBERBLICK:

Schwierigkeits-grad:

○ leicht

◐ mittel

● anspruchsvoll

 Weglänge

🕐 Gehzeit

 Höhenunterschied

☺ kindgerecht

BRUCKMANNS »SCHNELLSUCHE«

Farben helfen Finden
Bunt hervorgehobene Stichwörter verweisen auf das jeweilige Kapitel:

grün = Die schönsten Wanderungen
blau = Sehenswürdigkeiten von A bis Z
orange = Reise-Informationen von A bis Z

BUCH & FALTKARTE

Koordinaten zur Orientierung
Zur raschen Lokalisierung aller Sehenswürdigkeiten und Wandervorschläge auf der beigegebenen Reisekarte sind im Buch die entsprechenden Koordinaten des Kartenrasters jeweils angegeben:
Beispiel: Karte: B 4/5

Wanderung 8 Seite 85

In der Faltkarte wird bei der Tour auf die Seitenzahl im Buch verwiesen.

INHALT

Einführung   *8*

Rendevous mit der wilden Küste 10 • Ein Paradies für Wanderer 11 • Vielfalt aus Natur und Kultur 11 • Die korsischen Reise-Top-Ten 12 • Die Landschaft 12 • Der Duft der Macchie 13 • Steckbrief zu Korsika 14 •Die Tierwelt Korsikas 15 • Parc Naturel Régional de la Corse 16 • Von Sampiero Corso bis Napoleon 16 • Die korsische Küche 18 • Glossar Essen & Trinken 19

Die schönsten Wanderungen   *20*

Die Gelbe Zistrose blüht in der Nähe von Sandstränden.

Die Wallfahrtskirche Madonna de la Serra oberhalb von Calvi

KORSIKA – GEBIRGE IM MEER

S. 8/9: Die Pozzines stellen einen speziellen Moortyp dar, der nur auf Korsika vorkommt.

Kaliste, die Schönste, nannten schon die Phoenizier jenes Eiland, das von den Wellen des Mittelmeeres umspült wird. Zu Frankreich gehörend, mangelt es dem Eiland nicht an Beinamen, die von »Insel der Schönheit« über »Insel der Kontraste« bis zu »Gebirge im Meer« reichen. Auf keiner anderen Mittelmeerinsel besteht die Möglichkeit, sonnenumflutete Küsten und eine einzigartige Bergwelt so intensiv

auf engstem Raum zu erleben. Der Reichtum an Farben und Formen, den Korsika bietet, ist kaum zu übertreffen. Zauberhafte Sandstrände, felsige Buchten, scharfkantige Zweitausender und sattgrüne Flusstäler machen die Insel zu einem wahren Paradies für Naturfreunde und Urlauber, die das Glück nicht an menschenüberfüllten Stränden suchen. In den Dörfern und Städten leben

Das Naturreservat Scandola im Westen mit einer unberührten Steilküste.

die mannigfaltigen Traditionen weiter, die von der steten Auseinandersetzung zwischen französischem und italienischem Einfluss geprägt sind. Doch Korsika ist auch eine moderne Insel, voller Kunst, Musik und sportlicher Herausforderung.

Rendezvous mit der wilden Küste

Das Erste, was man von der Insel sehen wird, ist die wilde, weitgehend naturbelassene und vielfältige Küste. Vor allem im Westen trifft man auf landschaftliche Schönheiten voll erhabener Anmut, die in unterschiedlichsten Rottönen mit dem tiefblauen Meer wetteifern. 100 km kurvenreiche Küstenstraße verbinden die Calanche-Stadt Piana mit Calvi. 100 km Tiefblicke, zerklüftete Steilküsten und abwechslungsreiche Panoramen, die im einsamen Girolata und dem Naturreservat von Scandola gipfeln. Fruchtbarkeit, altes Kunsthandwerk und ein reicher geschichtlicher Hintergrund formen die Balagne, eine der traditionsreichsten und reizvollsten Winkel der Insel. An der Ostseite holen die Sand- und Badestrände zu einem Fortissimo aus und versprechen Urlaub zwischen Himmel und Meer. Ob die Baie Rondinaria, Baie de Stagnolo oder der herrliche Sandstrand von Palombaggia, Korsika beweist auch den Badefreunden, die »Insel der Schönheit« zu sein.

Ein Paradies für Wanderer

1000 km Küste und schneegekrönte Zweitausender, eine Mischung wie aus dem Bilderbuch. Abwechslungsreich wie die Natur präsentieren sich auch die Wanderrouten, die von sanften Küstentouren, eindrucksvollen Dörferwanderungen bis zu hochalpinen Klettereien reichen. Um den Duft der Macchie zu genießen, wird man entlang des Cap Corse auf alten Saumpfaden der Küstenlinie folgen, während sich die Gipfelstürmer begeistert in den schroffen korsischen Fels krallen. Vielleicht erklimmt man den höchsten Berg der Insel, den Monte Cinto, oder den König der Berge, den Paglia Or-

ba, oder man verbringt einen sonnenüberfluteten Frühsommertag im Restonicatal rund um die Gebirgsseen Melo und Capitello. Aber auch klassische Wanderer kommen auf ihre Rechnung. Gut markierte Wege durchziehen die Insel von Nord nach Süd, von Ost nach West. Der bekannteste aller Weitwanderwege ist der fast 180 km lange GR 20, eine sechzehntägige Herausforderung für Körper und Geist. Der Süden wird von ursprünglichen Blocklandschaften und bizarren Gebirgsformen geprägt, denen der Beinamen »Korsische Dolomiten« anhaftet. Wandern auf Korsika bedeutet aber neben allen Naturschönheiten auch ein kulturelles und historisches Erlebnis, denn stets erzählen Kleinode entlang der Wege von der unruhigen Geschichte und den Traditionen der Insel.

Das Fangotal im Nordwesten gilt als Geheimtipp für Naturliebhaber.

Vielfalt aus Natur und Kultur

Korsika führt entlang seiner kurvenreichen Straßen und aussichtsreichen Wanderrouten den gesamten Naturreichtum des Mittelmeerraumes vor Augen. Aber die Insel der Schönheit begeistert nicht nur den Naturfreund. Auch auf der Suche nach Kulturschätzen, eindrucksvollen Museen und prähistorischen Stätten wird man auf Korsika fündig. Kleine, aber feine Städte und Dörfer beweisen die jahrhundertelange Besiedelungsgeschichte und die Auseinandersetzung der Korsen mit den Einflüssen von außen. Ob in Ajaccio, dem Geburtsort Napoleons oder in Sartène, der korsischsten aller korsischen Städte oder in Corte, dem geistigen und heimlichen Zentrum im Herzen Korsikas, überall begegnet man der selbstbewussten Eigenständigkeit, die die Korsen auszeichnet.

Tipps

Die korsischen Reise-Top-Ten

- **Restonica-Schlucht** – faszinierendes Hochgebirge mit den Bergseen Melo und Capitello

- **Aiguilles de Bavella** – Bizarre Bergwelt der »Dolomiten Korsikas«

- **Speloncato** – das schönste Balagnedorf im Nordwesten der Insel

- **Calanche** – Traumhafter Felsengarten an der Westküste

- **Girolata** – Straßenloses Fischerdorf nahe dem Naturschutzgebiet Scandola

- **Golf von Pinarellu** – malerische Bucht mit Sandstrand und traumhafter Küste

- **Evisa** – romantisches Bergdorf nahe dem Forêt d'Aitone

- **Ostriconi** – einsamer Strand mit Lagune am Rande der Agriates

- **Saint-Florent** – liebliche Hafenstadt im Nebbio mit dem Weinort Patrimonio

- **Bonifacio** – blendende Küstenstadt an der Südspitze Korsikas

Die Landschaften

Korsika wird in mehrere Landschaften unterteilt, die im Wesentlichen den naturräumlichen Vorgaben folgen (von Nord nach Süd):

Im Norden der Insel erstreckt sich die einem Finger gleichende Halbinsel **Cap Corse** fast 40 km ins Ligurische Meer und erreicht Höhen bis 1307 m (Monte Stello). Vor allem die Westküste gilt als sehr ursprünglich, rund um das gesamte Kap bestehen heute noch die alten Genuesertürme, die ein altes Verteidigungssystem bildeten. Südlich von Bastia folgt das muschelförmige Becken des **Nebbio**, das südwestlich ans Kap anschließt und das Hinterland des lieblichen Hafenortes Saint-Florent umfasst. Das reiche Kulturland rund um Casamozza wird **Casinca** genannt, diese Region war einst die Kornkammer der Römer. Das alte, macchienüberwucherte Hügelland des **Désert des Agriates** erstreckt sich zwischen Saint-Florent und Ostriconi an der Nordküste und beschreibt eine äußerst bemerkenswerte Landschaft mit karger Vegetation und einsamen Küstenabschnitten. Westlich schließt eine der Kernlandschaften Korsikas, die **Balagne** an. Das sanfte, kastanien- und buchenbewachsene Bergland der **Castagniccia** besticht zwischen Tavignano und Golo mit alten Bergdörfern wie Morosaglia. Der Monte San Petrone, die höchste Erhebung dieser Region, gilt mit 1767 m Seehöhe als einer

Das stille Petreto ist ein typisches Dorf des Alta Rocca.

der schönsten Aussichtsberge Korsikas. **Cortenais-Bozio** heißt der Talkessel im Zentrum der Insel und beherbergt die heimliche Hauptstadt der Insel, das von einer mächtigen Zitadelle bewachte Corte. Das Bozio erstreckt sich als fruchtbares Tal ostwärts entlang des Golo. Die Westseite Korsikas, die **Cinarca** zwischen dem Golf von Porto und Ajaccio, ist von einem milden Klima, den prähistorischen Menhiren und alten Kulturländern geprägt. Das nur mäßig besiedelte Bergland rund um Ghisoni mit der weiten, nach Osten anschließenden Ebene bei Ghisonaccia, erhielt den Namen durch den alles prägenden Fluss **Fiumorbu**, der auch das fruchtbare Anbaugebiet für Obst und Wein an der Ostküste mit Feuchtigkeit versorgt. Eine der eindrucksvollsten Landschaften, das **Alta Rocca**, folgt im Süden im Anschluss an das markante Bavella-Massiv. Es umfasst die alten Gebirgszüge von Ospédale und der Montagne de Cagna und läuft nach Süden flach zum Meer hin aus. Den Abschluss an der Südspitze bildet das **Sartenais**, das beinahe den gesamten Süden und Südwesten einnimmt.

Der Duft der Macchie – Streifzug durch die Vegetation Korsikas

Schon Napoleon erkannte den Reichtum der korsischen Flora, er sagte die Worte: »Wer sich im Frühjahr und Sommer der Insel nähert, kann Korsika schon aus großer Distanz am Duft der Macchie erkennen, die nirgends so schön blüht wie hier.« Die unterschiedlichen Höhenstufen haben eine vielfältige Vegetation entstehen lassen, die aus mehr als 2000 Pflanzenarten aufgebaut ist. Darüber hinaus gilt die Insel als Geheimtipp für Liebhaber von Orchideen, die mit mehr als 40 Arten vertreten sind.

Im Frühling tragen die Wiesen wie hier bei Lozari ihr buntestes Kleid.

Die küstennahen Regionen zeigen die typische Vegetation des Mittelmeerraumes, die aus salzresistenten Pflanzen, Ginstern und einigen Wasser speichernden Überlebenskünstlern wie der Mittagsblume besteht. Im Frühjahr entfalten sich in dieser Stufe zahlreiche einjährige Pflanzen mit immenser Blütenpracht und verwandeln Weg- und Straßenränder förmlich in Blumengärten. Vor allem entlang der Nordwestküste sowie am Cap Corse begegnet man dem korsischen Markenzeichen, der **Macchie**, die nirgendwo in mediterranen Gebieten so artenreich und üppig auftritt wie hier und zwei Drittel der Landfläche Korsikas bedeckt.

Wo der Mensch nicht mit Rodungen eingegriffen hat, folgen landeinwärts die **Wälder**, die auf Korsika eine Gesamtfläche von 70 000 Hektar einnehmen.

Wegen der bis zu 2700 m hohen Bergketten besitzt Korsika eine für den Mittelmeerraum untypische **Gebirgsvegetation**. Diese ist in den baumfreien Felsregionen ab 1900 m anzutreffen, wo die Pflanzen starken Temperaturschwankungen, einer langen Schneebedeckung sowie scharfen Winden widerstehen und zusätzlich mit kargen Böden auskommen müssen. Die herausragenden Pflanzen der Gebirge sind das Korsische Edelweiß, der Korsische Krokus sowie Grasnelke, Fingerkraut und Hornkraut.

Die Tierwelt Korsikas

Korsika ist arm an Wildtieren, obwohl es von Natur aus hervorragende Voraussetzungen hätte. Die jahrmillionenlange Isolation der Insel vom Festland bewirkte aber, dass kaum größere Tierarten die Insel erreichen konnten. Bär, Wolf, Dachs oder Reh fehlten seit jeher auf Korsika. Hase, Kaninchen und Fuchs sind durch intensive Bejagung selten geworden, mancherorts wird sogar den Igeln nachgestellt.

Am ehesten wird man den halbwilden Ziegen und den verwilderten Schweinen begegnen, die praktisch in allen Wald- und Berggebieten zu finden sind. Oftmals bleiben von den Schweinen die Wühlspuren sichtbar, die sie auf der Suche nach Wurzelknollen hinterlassen. Außer den verwilderten Haustierrassen kommen noch 17 Arten an Säugetieren vor.

Tipp

Das **Mufflon** gehört zu den Wildschafen und war einst im gesamten Mittelmeerraum verbreitet. Auf Korsika kommen heute noch etwa 500 Exemplare vor.

Die größte Besonderheit stellt das scheue Mufflon dar, eine ebenfalls verwilderte Hausschafart, die vor allem in den abgelegenen Berggebieten beheimatet ist.

Der ursprüngliche Lebensraum lag nicht in den Gebirgen, sondern in den bewaldeten Tälern. Durch Jagd, Wilderei und Waldbrände wurden die Tiere jedoch in die Gebirgswelt zurückgedrängt, obwohl sie im felsigen Gelände nicht so gewandt klettern können wie etwa die Gams oder der Steinbock.

Im Alta Rocca konnte der Korsische Rothirsch in Reservaten wieder angesiedelt werden, und man versucht, eine tragfähige Population aufzubauen. Die Vogelwelt hat ein breiteres Spektrum an Arten zu bieten, vor allem an Seevögeln, die sich in den zahlreichen Schutzgebieten entlang der Insel günstig entwickeln können. Im Naturreser-

Die halbwilden Schweine trifft man praktisch entlang jedes Wanderweges.

Halbwilde Ziegen liefern die Milch für den brocciu-Käse.

vat Scandola ist heute der Fischadler heimisch, während Bartgeier und Steinadler die Einsamkeit des Asco-Tales bevorzugen. Daneben zählen der Korsenkleiber im Aitonewald, der Gelbschnabel-Sturmtaucher auf den Iles Lavezzi sowie die Silbermöwen in Scandola zu den Besonderheiten.

Entlang der Wanderwege werden einem besonders häufig die zahlreichen Eidechsen auffallen, die auf Korsika einen idealen Lebensraum vorfinden. Die häufigste Schlange ist die ungiftige und flinke Zornnatter, die von der Küste bis ins Gebirge angetroffen werden kann.

Parc Naturel Régional de la Corse

Im Zentrum der Insel breitet sich auf einer Fläche von 330 000 ha das Schutzgebiet Parc Naturel Régional de la Corse aus, das die markantesten und schönsten Landschaften Korsikas im Zentrum und an der Westküste umschließt. Das 1972 gegründete Schutzgebiet versucht, zweierlei Ziele zu verwirklichen: Zum Einen sollen die ökologischen Grundlagen der vielfältigen Natur mit ihren Tieren und Pflanzen erhalten werden. Andererseits will der Park aber auch die Nöte und Schwierigkeiten der korsischen Gebirgslandschaften offen legen und zur Stärkung der ländlichen Wirtschaft beitragen. Die Schutzprogramme versuchen also auch das kulturelle Erbe mit den alten Kulturlandschaften, den traditionellen Bauformen wie Bergerien, alten Mühlen und Häusern zu bewahren. **Informationen:** Rue Fiorella, Palais Lantivy, B.P. 417, 20184 Ajaccio, Tel. 0495/21 56 54.

Von Sampiero Corso bis Napoleon – ein Streifzug durch die Geschichte

Der Expressionist de Ratzel sprach als Erster von Korsika als »einem Museum unter freiem Himmel« mit einer reichen, lebendig gebliebenen Geschichte. Die einzelnen Stationen von der ersten Besiedelung, die vor etwa 8500 Jahren erfolgte, bis zum Befreiungskampf im 18. Jh. sind zum Verständnis von Land und Leuten von großer Bedeutung. Es begann mit einer kleinen, kaum 1,50 m großen Frau, die die erste Anwesenheit menschlicher Wesen bezeugt. Die »Dame de Bo-

nifacio«, die 1975 an der Südspitze
gefunden wurde, ist 8500 Jahre alt.
Zahlreiche Funde aus derselben
Epoche konnten ausgegraben werden, vor allem Obsidiane, die als
Werkzeuge Verwendung fanden.
Die nachfolgenden Siedler hinter-
ließen ihre Visitenkarten in Form der
Menhire und Dolmen, die im Südwesten der Insel in der Landschaft
der Sartène gefunden wurden. Filito-

sa oder Palaggio gehören zu den eindrücklichsten prähistorischen *Im oberen*
Grabungsstätten Europas und erzählen von einer Zeit zwischen 4000 *Aitone-Wald*
und 8000 Jahren. In Filitosa lebten Menschen aus verschiedenen *nahe dem Col*
Epochen, zuletzt in der Bronzezeit vor 3900 Jahren. Die erste Besie- *de Verghio.*
delung, die einer Zivilisation glich, geht auf die Torreaner zurück, einem Volksstamm, der um etwa 1500 in der Gegend von Porto
Vecchio turmähnliche Bauten (Torre = Turm) errichtete. Später dran-
gen sie ins Landesinnere vor und legten mit kleinen Steinhäuschen
die Fundamente für die späteren Alta-Rocca-Dörfchen. Die Museen
von Levie und Cucuruzzu beherbergen die schönsten Funde aus der
torreanischen Epoche. Später brachten die Griechen ihre Kultur an
die Ostküste und gründeten Alalia, das spätere Aléria. Sie sprachen
als erste von Korsika als »Kalliste, der Schönsten«.

Im Jahr 259 v. Chr. begann die Eroberung Korsikas durch die Römer,
die daraufhin sieben Jahrhunderte lang herrschten. Dennoch sind mit
Ausnahme der Ausgrabungen bei Aléria kaum Spuren ihrer Bauwerke
erhalten geblieben. Nach dem Fall des römischen Reiches begann eine unruhige Zeit für Korsika, die durch einfallende Volksstämme geprägt war. Im 5. Jh. kamen die Vandalen, bald darauf die Ostgoten
und im 9. Jh. die Sarazenen. Jedes Volk übertraf sich mit seiner zerstörerischen Gewalt, sodass die angestammte Bevölkerung weit ins Landesinnere flüchten musste. Pisa und Genua vertrieben die Sarazenen
im 11. Jh., worauf 200 Jahre des Friedens unter pisanischer Herrschaft
folgten. In der Seeschlacht von Meloria wurde Pisa 1284 von den Genuesen besiegt, die daraufhin fünf Jahrhunderte lang die Geschicke
Korsikas lenkten. Aus dieser Zeit stammen auch die runden Wachtürme, die rund um die Insel zu finden sind. Im 18. Jh. kämpften die Korsen nach dem Ende der genuesischen Macht 40 Jahre um ihre Unab-

hängigkeit, angeführt durch Pasquale Paoli. Er vereinte die verfeindeten Sippen auf der Insel, organisierte eine Verwaltung und Gesetzgebung. Doch 1768 war der Traum von der Unabhängigkeit schon wieder zu Ende, denn Genua verkaufte Korsika an die Franzosen. Seit dieser Zeit setzen sich die Korsen gegen die Franzosen zur Wehr, um eine neuerliche Unabhängigkeit zu erreichen. Erst in den 80er Jahren des 20. Jh. erhielt die Insel eine Art Autonomiestatus mit gewissen Sonderrechten. Die Graffiti »Freiheit für Korsika« sind aber nach wie vor an Felsen, Mauern, Straßenschildern und Häusern zu lesen. Übrigens, die korsische Fahne, die einen Maurenkopf mit Augenbinde zeigt und als Symbol der Befreiung gilt, erinnert an das Ende der sarazenischen Schreckensherrschaft im 11. Jh.

Zahllose Straßencafés in der Altstadt von Porto Vecchio

Die korsische Küche

In der korsischen Küche mischen sich italienische, spanische, provenzalische und sogar arabische Elemente. Die Korsen verstehen es, zum Verfeinern der Gerichte würzige Kräuter einzusetzen. Wie auf jeder Insel stehen Meeresfrüchte und Fischgerichte im Vordergrund, obwohl diese nur am Cap Corse zur traditionellen Küche gehören. Eine Spezialität ist die gebundene Fischsuppe »aziminu«, zu der geröstetes Brot mit einer kräftigen Knoblauchsauce gegessen wird. Als Vorspeise kommt häufig auch eine Platte mit geräucherten Wurstsorten, Rinderschinken oder »figatelli«, den geräucherten Leberwürstchen auf den Tisch. Sehr beliebt sind der »lonzu«, das luftgetrocknete und geräucherte Schweinefilet sowie der »prisittu«, ein gekochter Schinken, der im Sommer mit Feigen serviert wird. Aus der Küche der Bergbauern stammen die nahrhaften Eintöpfe wie der »stufatu«, der mit Lammfleisch, Zwiebeln, Nudeln und Käse zubereitet wird. Der Käse selbst wird auf Korsika hauptsächlich aus Ziegen- oder Schafsmilch hergestellt. Der bekannteste ist der »brocciu«, ein schmackhafter, würziger Frischkäse aus Schafsmilch, der gerne zum Füllen von Teigtaschen oder zum Belegen von Brotfladen verwendet wird. Solange er zum Haltbarmachen nicht gesalzen wird, dient er auch zur Herstellung von Süßspeisen.

Glossar Essen & Trinken

agneau – Lamm
anchois – Sardelle
brochet – Hecht
cailles – Wachteln
carbonate – Geschmortes
carrelet – Scholle
cèpes – Steinpilze
chanterelles – Pfifferlinge
cochon de lait – Spanferkel
coq – Hahn
crudités – Rohkostsalat
émincé – Geschnetzeltes
haricots verts – Grüne Bohnen
huîtres – Austern
lapereau – Wildkaninchen
lièvre – Hase
merlu – Seehecht
pâté – Pastete
potage – gebundene Suppe
sanglier – Wildschwein
sole – Seezunge
truite – Forelle

Dann wird der »brocciu« mit Pfefferminze zu einer Art Pfannkuchen verarbeitet.

Zur korsischen Küche gehört unbedingt das Kastanienmehl, das zum Backen verwendet wird. Kastanien stellen ein häufig verwendetes Ausgangsprodukt für herrliche Speisen dar, die von Kastanienreis über schmackhafte Saucen bis zu Eis und Soufflés reichen.

Das korsische Sandwich enthält oftmals Gegrilltes oder verschiedene einheimische Käsesorten wie den Libecciu, Stellu, Velacu oder Astu. Diese kauft man am besten direkt auf einer Bergerie oder beim Schäfer in einem kleinen Bergdorf. Das gleiche gilt für alle korsischen Produkte wie Wurstwaren, Honig, Marmelade. Der berühmteste Honig stammt aus dem Ascotal (→ **Wanderung 4**). Zu den typischen Süßspeisen zählen die »castagnina«, eine Torte aus Kastanien, Walnüssen, Pinienkernen, Mandeln und Rosinen, sowie die »canistrelli«, ein mit Anis, Mandeln, Zitronat und Honig hergestelltes würziges Süßgebäck, das sehr lange haltbar ist.

Natürlich zählen die Weine zum kulinarischen Aushängeschild der Insel, vor allem die aus Nebbio und der Ostküste rund um Ghisonaccia. Der korsische Wein ist kräftig, aber nicht schwer, oft auch fruchtig, ohne jedoch zu süß zu sein. Aus den Früchten des Zedratbaumes wird ein schmackhafter Likör hergestellt, der »cédratine«, der zu frischem »brocciu« getrunken wird.

S. 20/21: Das Niolu wird von reizvollen Wanderwegen durchquert, die phantastische Blicke auf die Bergwelt rund um den Paglia Orba ermöglichen.

Das romantische Porto besticht mit seiner Lage an der Westküste.

1

Capu di a Veta

Zum Hausberg von Calvi und retour: Calvi – Notre Dame de la Serra – Capu di a Veta – Cap Revellata – Calvi   Karte: B3

 mittel

 15 km

 6 Std.

 ↑ 703 m ↓ 703 m

 ja

Tourencharakter: Mittelschwere Rundwanderung auf Fahrwegen und Bergpfaden durch meist baumloses Gelände; nur der Gipfelanstieg verläuft über einen steilen Felssteig; kleiner Badestrand am Cap Revellata.
Beste Jahreszeit: April–Juni, September, Oktober.
Ausgangs-/Endpunkt: Calvi (Meereshöhe).
Wanderkarte: Ign 4149 OT, M=1:25 000.
Markierung: Aufstiegsroute zum Gipfel mit roten Punkten gekennzeichnet, ansonsten keine Markierungen, Orientierung bei gutem Wetter problemlos.

Verkehrsanbindung: Calvi ist über die D 81 von Ponte Leccia, l'Ile Rousse zu erreichen; die D 81 b führt über Galéria, entlang der zerklüfteten Küste nach Porto; Eisenbahnanbindung von Ponte Leccia, Bastia und Ajaccio nach Calvi.
Einkehr: Zahlreiche Bars, Pizzerias, Restaurants, Supermärkte und Geschäfte in Calvi. Im Verlauf der Wanderung keinerlei Einkehrmöglichkeiten.
Unterkunft: Hotels und Apartments aller Kategorien in Calvi, 10 Campingplätze, ferner Ferien- und Hüttendörfer.
Tourist-Info: Office de Tourisme Calvi, Port de Plaicance, BP 97, 20260 Calvi, Tel. 0495/65 16 67, Fax 0495/65 14 09.

Traumhafte Ausblicke auf die Bucht von Calvi beim Aufstieg zum Capu di a Veta

Das mondäne Calvi mit der historischen Zitadelle im Zentrum der Balagne stellt im Norden Korsikas einen der beliebtesten Ferienorte der Insel dar. Wir wandern zum Hausberg Capu di a Veta, der im Westen wie ein schützender Felsriegel aufragt, und kehren über das reizvolle Cap de Revellata zum Hafenort zurück.

Der Wegverlauf

Unsere Wanderung beginnt unmittelbar am Hafen von Calvi, den wir über die **Avenue de la République** verlassen und am Ende der Straße nach rechts in die erstmögliche Seitengasse abbiegen. Bei der nächsten Kreuzung schwenken wir nach links und folgen dieser Straße bis zum Gebäude der EDF, der Französischen Energiegesellschaft. Die Straße vollzieht eine leichte Rechtskurve und kommt zu einer weiteren Kreuzung, bei der wir nach links in eine Sackgasse einbiegen. Am Ende beginnt der Saumpfad, der zuerst von Steinmauern gerahmt durch Gärten aus Calvi hinaus-

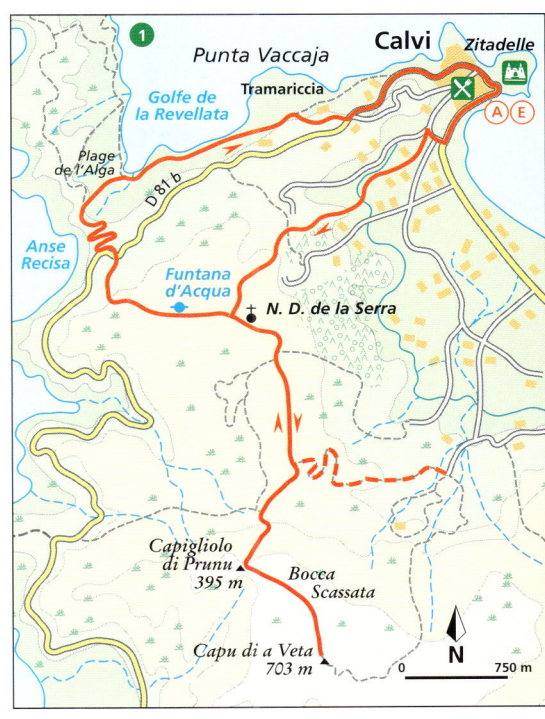

führt. Bald erreichen wir vorwiegend macchienbewachsenes Gelände, das jedoch immer wieder von altem Kulturland durchsetzt ist. Je höher wir auf dem bequemen und leicht begehbaren Weg höher steigen, umso mehr rückt das Panorama der Stadt mit der Zitadelle und der fast kreisrunden Bucht in den Hintergrund. Ölbäume spenden ein wenig Schatten, bevor wir in steileres und felsigeres Gelände eintreten. Nun sehen wir bereits die Wallfahrtskirche, unser erstes Etappenziel, vor uns und stoßen in einer Geländesenke auf einen

Fahrweg, auf dem wir nach links zur Kirche wandern. Nach knapp einer Stunde befinden wir uns bei der **Notre Dame de la Serra** (243 m; s. Tipp), die von zahlreichen bizarren Tafonifelsen umgeben ist. Zuerst nimmt uns der Blick auf die Stadt und auf den türkis schimmernden Golf gefangen. Drehen wir uns jedoch nach Süden oder Westen, scheint die Zivilisation zu Ende zu sein. Die karge Bergwelt der Balagne wird unmittelbar und lässt ein anderes, ein raueres Korsika erwarten, als es die Tourismusmetropole zu unseren Füßen präsentiert.

Wir benutzen nun die staubige Schotterstraße, die nach Süden in Richtung des Berges Capu di a Veta verläuft und mit leichtem Auf und Ab die üppigen Macchienhänge durchquert. Nach einiger Zeit zweigt nach links ein Fahrweg ab, der nach Calvi und zum Ferienclub »Störrischer Esel« führt. Wir folgen weiterhin der aufwärtsführenden Schotterpiste, die nach einer Senke mit einer weit ausla-

Madonna della Serra.

denden Wegschlinge zu einem Sattel unterhalb des Capu di a Veta aufsteigt (2 Std.). Bei einem Masten der Hochspannungsleitung verlassen wir den Fahrweg und biegen nach links auf den Bergpfad ein, der zum Gipfel führt. Zuerst müssen wir auf einem unübersichtlichen Wegabschnitt mit Grobblöcken den Steilhang an der Südwestseite der **Capigliolo di Prunu** (395 m) queren, ehe wir von diesem Sattel aus einem Felsgrat in südwestlicher Richtung folgen.

Nach 30 Minuten ab dem Strommasten erreichen wir den Sattel **Bocca Scassata** und beginnen mit dem letzten Gipfelanstieg, der über einen sehr steilen Felspfad verläuft. Dabei sind Steilstufen, Felsbänder und rutschige Schutthänge zu durchqueren, die jedoch bei einiger Vorsicht keinerlei Schwierigkeiten bereiten und an keiner Stelle ausgesetzt sind. Schließlich erreichen wir nach weiteren 30 Minuten den Gipfel des **Capu di a Veta** auf 703 m, der wie eine Aussichtswarte über der Bucht von Calvi liegt (3 Std.). Nach Norden läuft das Cap de Revellata wie ein Sporn ins Meer hinaus, im Süden ragen hinter der Landschaft der Balagne die schroffen Berge der Zentralkette auf.

Der **Abstieg** bis zur Notre Dame de la Serra erfolgt am selben Weg (4 Std.). Hier kehren wir nun nicht sofort nach Calvi zurück, sondern dehnen unseren Rückweg über das Cap de Revellata aus. Wir folgen der vom Parkplatz der Kirche nach Westen abgehenden Zufahrtsstraße, die zunächst an zahlreichen bizarren Tafonifelsen vorbeiführt. Nach 10 Minuten können wir an einer Steilstufe auch auf den alten Saumpfad rechts der Straße wechseln. Dieser durchzieht mit einigen

Serpentinen die Macchienhänge und mündet sogleich wieder auf die Fahrstraße. Nach einer halben Stunde Abstieg treffen wir nach einer Rechtskurve auf die **D 81 b**, die von Calvi der Küste entlang nach Galéria führt (4:30 Std.).

Wir überqueren die Straße und kommen an ein Einfahrtstor heran, das den Beginn der Schotterpiste zum Cap Revellata kennzeichnet. Die Piste steigt über vier Serpentinen zu einem Sattel oberhalb der Anse Recisa hinab, an dem ein Wanderweg nach rechts abzweigt. Auf diesem Steig, der Felsengarrigue durchquert, kommen wir zum kleinen Sandstrand **Plage de l'Alga** am **Golfe de Revellata** hinab, wo wir eine Badepause einlegen können (5 Std.). Wer ausreichend Kondition mitbringt, kann die Wanderung bis zur Kapspitze ausdehnen und etwa eine Stunde lang der Schotterpiste bis zum Leuchtturm folgen. Ein Küstenpfad an der Ostseite des Kaps führt zuerst an einer Forschungsstation und später an der **Punta di l'Oscelluccia** vorbei, ehe er den Plage de l'Alga erreicht. Hier beginnt ein alter Küstenweg, der uns mit äußerst reizvollem Verlauf durch Macchiengebüsch nach Calvi zurückbringt. Dabei genießen wir den Blick auf den Golf und die nun in die Ferne rückende Halbinsel von Revellata. Beim Ortsteil **Tramariccia**

Tipp

Notre Dame de la Serra wurde im 19. Jh. auf den Resten einer Kapelle aus dem 15. Jh. errichtet. Diese zerstörte man 1794 während der Belagerung Calvis. Die Kirche wird heute von einer Marienstatue überragt, die auf einem Felsen steht. Im Inneren bewahrt man die auf Pergament gemalte Darstellung der Unbefleckten Empfängnis, die am Ende des 15. Jh. entstand.

treffen wir auf eine Asphaltstraße, auf der wir aufwärts zur D 81 b folgen. Die letzten eineinhalb Kilometer wandern wir entlang der Hauptstraße, wobei auf den letzten Metern die Zitadelle immer mehr ins Blickfeld rückt. Bevor wir die Wanderung an der Hafenmole beenden, können wir einen kurzen Abstecher zur Burgstadt unternehmen. Die einstige Genueserfestung entstand schon 1268, um die Bewohner vor den ständigen Übergriffen zu schützen. 1483 errichtete man die mächtigen Festungsmauern, die noch heute die Oberstadt umgeben. Es sind nur wenige Schritte über die breiten Stufen über die Zugbrücke bis zur **Kirche St. Jean-Baptiste** am Place d'Armes. Der hohe Raum unter der lichten Kuppel erzählt von der Geschichte Calvis als Mittelmeerhafen. Im Zentrum der kreuzförmigen Kirche befindet sich der mehrstufige Altar, der aus verschiedenen Marmortypen besteht und gleichzeitig ein Stück Inselgeologie verkörpert. Über die Südtreppe steigen wir zum Hafen hinab, wo wir unsere Wanderung an der mondänen Strandmole beenden (6 Std.).

2 Durch den Urwald von Bonifatu

Auf den Bonassa-Sattel: Auberge de la Forêt – Bocca di l'Erbaghiolu – Bocca di Bonassa – Maison Forestière – A. de la Forêt   Karte: B3

 mittel

 11 km

 5 Std.

 ↑ 617 m ↓ 617 m

Tourencharakter: Rundwanderung auf gut trassierten, teilweise steilen, jedoch stets schattigen Bergpfaden; herrlicher Rundblick am Bonassa-Sattel auf das Fango-Tal; Bademöglichkeiten im Figarella-Bach, nahe dem Ausgangspunkt.

Beste Jahreszeit: Mai–Juli, September, Oktober.

Ausgangs-/Endpunkt: Auberge de la Forêt (540 m).

Wanderkarte: Ign 4149 OT, M=1:25 000.

Markierung: Rote Farbpunkte am Aufstieg, orange Farbringe des Weitwanderweges Tra Mare e Monti entlang des Abstieges.

Verkehrsanbindung: Von Calvi über die Route zum Flughafen und weiter auf der D 251 zur Auberge de la Forêt de Bonifatu (23 km von Calvi); keine öffentlichen Verkehrsmittel.

Einkehr: Auberge de la Forêt, entlang der Wanderung keine Einkehrmöglichkeiten.

Unterkunft: Auberge de la Forêt (0495/65 09 98, geöffnet vom 1.4.–31.10.); Hotels, Feriendörfer und Campingplätze aller Kategorien in Calvi.

Tourist-Info: Auberge Cirque de Bonifatu (Gîte d'étape); Office de Tourisme Calvi, Port de Plaicance, BP 97, 20260 Calvi, Tel. 0495/65 16 67, Fax 0495/65 14 09.

Vom Bocca di Erbaghiolu blickt man auf die bizarre Gipfelwelt der Spasimata.

Der Cirque de Bonifatu bietet im Hinterland von Calvi eine stille und kühle Alternative zum Badetourismus an der Küste. Wir brechen zur Rundwanderung zu den Satteln von Erbaghiolu und Bonassa auf, die auf 1258 m und 1153 m über dem Talkessel liegen. Unsere Wanderroute führt stets durch prächtigen Steineichen- und Laricio-Kiefernwald, der als »Forêt Domaniale« unter Naturschutz steht.

Der Wegverlauf

Wir brechen vom tiefblauen Golf von Calvi zur Gebirgswelt ins Hinterland der Balagne auf und erleben hautnah, warum Korsika auch gerne als »Insel der Kontraste« bezeichnet wird. Galt unser Interesse zuvor noch der Sonne, dem Sand und dem Meer, sind es jetzt die schroffen Berge und tiefen Wälder rund um den Cirque de Bonifatu, der an der Küste noch die Kulisse für unsere Urlaubsträume bildet. Am Col de Rezza (510 m) erhaschen wir während der Anfahrt einen ersten Blick auf das karge Land im hinteren Flusstal des Figarella, das auch als »Chaos de Rez-

2

Tipp

Der unterste Wegabschnitt nach der Auberge de la Forêt gehört zum Naturlehrpfad »Le Sentier de Mouflon«. Dieser verläuft durch Strandkiefernwälder bis zur Piste de Melagha, wo sich gerne die wild lebenden Mufflons zeigen. Der Bach selbst lädt immer wieder zu erfrischenden Bädern in einem der Felsbecken ein.

za« bekannt ist. Vorbei am Maison Forestière de Bonifatu, erreichen wir bald das Ende der Fahrstraße bei der **Auberge de la Forêt** (Gîte d'étape, 540 m), einer kleinen Restauration im Cirque de Bonifatu. In den steilen Hängen dieses Talkessels konnte sich ein forstlich kaum nutzbarer Urwald erhalten, der vorwiegend aus mächtigen Laricio-Kiefern besteht. Ein blumen- und orchideenreicher Unterwuchs machen diese Wanderung auch für den Blumenfreund zu einem spannenden Erlebnis.

Kurz vor der Auberge beginnt bei der Straßenbrücke über den Nocaghia-Bach der Aufstiegsweg zum Bonassa-Sattel, dem Ziel dieser Wanderung. Der kurzfristig etwas undeutlich wirkende Weg führt sogleich an einer Quellfassung vorbei und steigt durch den dichten Wald an. Bald biegen wir auf eine breitere Trasse ein, die früher direkt bei der Auberge begonnen hat und später geschlossen wurde. Parallel zum Graben des **Nocaghia-Baches** schrauben wir uns durch den Steineichenwald in die Höhe. Nach etwa 40 Minuten erreichen wir nach dem Sattel **Bocca di u Calataghiu** die Ruine des einstigen Jagd-Chalet von Prinz Pierre, einem Neffen Napoleons.

Anschließend beginnt sich der Wald zu lichten, die Steineichen treten zurück und werden ab etwa 700 m Seehöhe von stattlichen Laricio-Kiefern abgelöst. Wir queren das mit Grobblöcken gefüllte Bachbett des Nocaghia-Baches (1 Std.) und steuern auf einen etwas flacheren Wegabschnitt zu, der an einen Aussichtspunkt heranführt.

Unser Pfad schwenkt nach Westen und quert die bewaldeten Hänge oberhalb einer Blockhalde. Nun wird das Gelände immer steiler und damit auch unser Weg, der sich etwas langatmig in zahllosen kleinen Serpentinen durch den Kiefernwald windet. Nach 2¹⁄₂ Std. erreichen wir

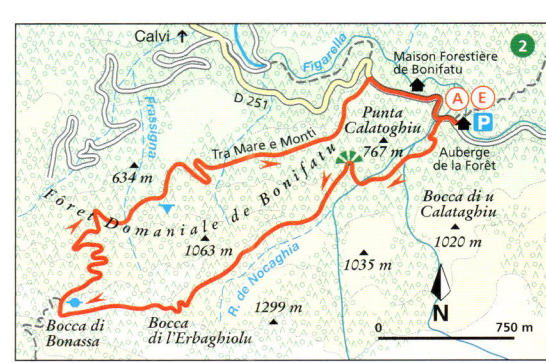

Am Ende der Wanderung lohnt die Einkehr in die Auberge de la Forêt.

mit dem **Bocca di l'Erbaghiolu** (1258 m) das erste Etappenziel und sehen durch die mächtigen Kiefern zu den zerklüfteten Felshängen der Crête de Muntunaghiu hinüber.

Ein Quergang bringt uns durch lichten Kiefernwald auf der Nordseite hoch über dem Frassigna-Tal in 20 Minuten zum **Bocca di Bonassa** (2:50 Std.). Der 1153 m hohe Sattel hält neben einem herrlichen Panorama auf das Fangu-Tal im Süden und dem Figarella-Tal im Norden schöne Picknickplätze bereit. Hier treffen wir auf die Route des Weitwanderweges **Tra Mare e Monti**, auf dem wir nordwärts ins Tal absteigen. Zuerst passieren wir knapp hinter dem Sattel einen markanten Felseinschnitt, um gleich anschließend an einer Quelle und efeuberankten Felsen vorbeizukommen. Der bestens markierte und gut ausgebaute Saumpfad steigt in zahlreichen Serpentinen durch den lichten Kiefernwald ab. Nach mehreren Wegschlingen kommen wir am kleinen Wasserfall des **Frassigna-Baches** vorbei und treten nun wieder in die Stufe des Steineichenwaldes ein (4:30 Std.).

Bei einer mit Baumerika bewachsenen Geländekuppe schwenken wir nach rechts und treffen etwas unterhalb auf die Fahrstraße zum Forsthaus, der wir nun 15 Minuten taleinwärts folgen. Vorbei am pittoresken Steinhaus des **Maison forestière de Bonifatu** erreichen wir nach weiteren 5 Minuten den Ausgangspunkt bei der Auberge de la Forêt (5 Std.).

Im Cirque de Bonifatu

Zur Spasimata-Hängebrücke: Auberge de la Forêt – Refuge de Carrozzu – Spasimata-Hängebrücke – Auberge de la Forêt   Karte: B/C 3

3

Tourencharakter: Erst leicht ansteigender Forstweg, dann zum Teil steiler Bergpfad durch Steineichen- und Kiefernwald, mehrere Bachquerungen bereiten bei hoher Wasserführung im Frühjahr einige Schwierigkeiten; für die Fortsetzung der Wanderung ab der Spasimata-Hängebrücke in Richtung Lac de A Muvrella ist absolute Trittsicherheit erforderlich.
Beste Jahreszeit: April–Juni, September, Oktober.
Ausgangs-/Endpunkt: Auberge de la Forêt (540 m).
Wanderkarte: Ign 4149 OT, Calvi, M= 1:25 000.
Markierung: Durchgehend gelb mar-

kierter Weg, ab der Carrozzu-Hütte weiß-rot (Markierung des Weitwanderweges GR 20).
Verkehrsanbindung: Zufahrt von Calvi über die Straße D 251 zum Flughafen und weiter über Miledi zum Forsthaus Bonifatu und zur Auberge de la Forêt.
Einkehr: Restaurant in der Auberge de la Forêt.
Unterkunft: Auberge de la Forêt (Tel. 0495/65 09 98, geöffnet 1.4.–31.10.); Selbstversorgerhütte Refuge de Carrozzu mit Bettenlager und Zeltplätzen.
Tourist-Info: Office de Tourisme Calvi, Port de Plaicance, BP 97, 20260 Calvi, Tel. 0495/65 16 67, Fax 0495/65 14 09.

 mittel

 12 km

 5 Std.

 ↑780 m ↓780 m

Das schluchtartige Tal im Cirque de Bonifatu bildet die traumhafte Kulisse für diese wildreiche Wanderung, die den sogar im Sommer wasserführenden Figarella-Bach entlang führt. Urige Rastplätze, aus Granitfelsen geformte Gumpen, sowie eine grandiose Bergwelt erwarten uns nach der Carrozzu-Hütte.

Zunächst führt der Weg gemütlich am Figarella-Bach entlang ...

Der Wegverlauf

Die **Auberge de la Forêt** (536 m) liegt versteckt inmitten des dicht bewaldeten Cirque de Bonifatu, der nur 18 km südlich von Calvi und den Badestränden des malerischen Golfe de Calvi entfernt liegt. Da die gesamte Route dieser Wanderung bis zum einsamen Bergsee Lac de A Muvrella nur für geübte und sehr trittsichere Bergsteiger möglich ist (Kletterstellen und

Stahlseilsicherungen), begnügen wir uns mit dem Aufstieg zur Carrozzu-Hütte. Ein breiter Forstweg führt von der Auberge hoch über dem Figarella-Bach taleinwärts in Richtung Cirque de Bonifatu.

Nach 20 Minuten biegt der Forstweg nach links ab, geradeaus setzt sich unsere Route auf dem Bergpfad fort, der mit der Richtungsangabe »**A Muvrella**« gekennzeichnet ist (20 min).

Wir folgen nun der gelben Markierung und gewinnen rasch an Höhe, während wir uns durch Baumerika- und Steineichengebüsch talaufwärts bewegen. Immer wieder öffnen sich Blicke zum wildreichen Fluss, ab und zu geben die Bäume die Aussicht auf die bizarren Felswände des Cirque de Bonifatu frei. Später spenden immer häufiger stattliche Lariciokiefern Schatten, moosüberzogene Steine und der abwechslungsreiche Flusslauf erwecken den Eindruck eines Urwaldes. Nach etwas mehr als einer Stunde Gehzeit ab der Abzweigung wechseln wir auf einer Hängebrücke auf das rechte Ufer des Figarella-Baches (1:30 Std). Gleich danach folgt eine weite Serpentine, die uns an einen Seitenbach heranführt. Bei hoher Wasserführung müssen wir versuchen, diesen ein wenig oberhalb des Wegverlaufes auf Steinblöcken zu überqueren (2 Std.). Danach steigen wir gleichmäßig unserem Etappenziel, der Carrozzu-Hütte, entgegen, müssen aber noch kurz vor der Refuge einen weiteren Seitenbach queren. Nun befinden wir uns bereits im Taleinschnitt, der zwischen der Punta di Ghialla und der Punta Spasimata herabzieht. Nach einem Rastplatz, an dem auch der Steig zur Hängebrücke abzweigt, steigen wir noch ca. 10 Minuten steil zur **Carrozzu-Hütte** an (2:30 Std.). Der ein-

3

drucksvoll zu Füßen der bizarren und schroffen Berggipfel gelegene Unterstand liegt bereits am Weitwanderweg GR 20, der von der Punta Ghialla herabläuft und bei der Refuge sein zweites Etappenziel hat (1270 m). Die Selbstversorgerhütte bietet etwa 40 Schlaflager, einen Aufenthaltsraum mit Holzofen sowie eine überdachte Terrasse im Freien zum Aufstellen von Zelten.

Nach einem kurzen Aufenthalt lohnt es sich unbedingt zur Spasimata-Hängebrücke weiterzuwandern, die sich am Eingang einer Felsschlucht befindet und von der Hütte aus in 20 Minuten zu erreichen ist. Wir kehren zum Rastplatz unterhalb der Hütte zurück und folgen dem links abgehenden weiß-rot markierten Weg. Der schmale Pfad, der an abschüssigen Felspartien durch Stahlseile gesichert ist, führt durch den immer steiler werdenden Hang direkt an die **Spasimata-**

Hängebrücke heran (1220 m, 3 Std.). Die schwankende, mit Holzbrettern belegte Seilbrücke überquert den rauschenden Wildbach am Ausgang der Schlucht, die aufwärts immer schroffer wird. Der Rückweg zur Auberge de la Forêt verläuft über die Aufstiegsroute (5 Std.).

Variante: Nach der schaukeligen Talüberquerung können wir dem GR 20 am linken Ufer taleinwärts weiter folgen, wobei

... und endet in der bizarren Bergwelt rund um die Carrozzu-Hütte.

bald schwierige und abschüssige Wegpassagen zu überwinden sind. Von Stahlseilen gesichert, verläuft der Pfad über schmale, rutschige Felsabsätze, über Plattenschüsse und durch Taleinschnitte. Nach einer Stunde ab der Hängebrücke steuert die Route auf einen steilen Felsanstieg zu, in dem kein deutlicher Weg, sondern nur die Markierungen ersichtlich sind. Die Landschaft wird immer grandioser und enger und gleicht einem riesigen Dom aus Granitwänden, die von stattlichen Lariciokiefern geschmückt sind. Wir queren eine Passage mit aalglatten Felsplatten, an der Seilsicherungen immer wieder helfen, den Halt nicht zu verlieren. Doch die unglaublich bizarre Gebirgslandschaft entschädigt für die Anstrengungen. Nach zweieinhalb Stunden erreichen wir den **See von Muvrella** (1860 m), der auf einem Felsabsatz liegt, umgeben von Grünerlen (5 Std.).

4 A Muvrella

Vom einsamen Haut-Asco zum Aussichtsgipfel: Haut Asco –
Brèche de Stagnu – Punta Culaghia – Haut Asco   Karte: C 3/4

 anspr.

 8 km

 4¹/₂ Std.

 ↑726 m ↓726 m

Tourencharakter: Steiler Bergpfad über felsiges Gelände und durch Schutthänge; leichte, aber teils ausgesetzte Kletterei des ersten Grades zum Gipfel und entlang des Grates zur Punta Culaghia.
Beste Jahreszeit: Mai–Oktober.
Ausgangs-/Endpunkt: Haut Asco (1422 m).
Wanderkarte: Ign 4250 OT, M=1:25 000.
Markierung: Gelbe Farbpunkte, Steinmännchen.

Verkehrsanbindung: Das Asco-Tal wird von der D 147 durchquert, die etwa 3 km nördlich von Ponte Leccia von der N 197 abzweigt.
Einkehr: Hotel/Restaurant in Haut-Asco, Refuge du Stagnu.
Unterkunft: Hotel Le Chalet in Haut-Asco mit Zimmern und Lager, Gîte d'Etappe Refuge du Stagnu des GR 20; Campingplatz Monte Cinto im Asco-Tal, etwa 6 km vor Haut Asco.
Tourist-Info: Gîte d'Etape Refuge du Stagnu Haut Asco.

Der Wegverlauf

Die Wanderung beginnt unmittelbar hinter dem Berghotel **Le Chalet** in Haut-Asco, wo Tafeln auf die Route des GR 20 in Richtung »A Muvrella« weisen. Wir folgen den weiß-roten Markierungen und beginnen den Anstieg durch ein Kiefernwäldchen. Bald bleiben die letzten

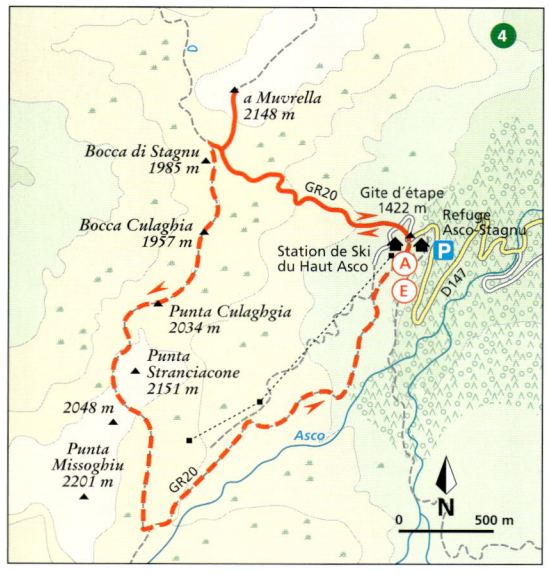

knorrigen Laricio-Kiefern zurück und wir kommen an den unteren Rand der Scharte heran, die vom Bocca di Stagnu herabzieht. Wir durchsteigen diese mit Felsen und Geröll beladene Schlucht zunächst auf der linken Seite, wechseln dann in einem langen Quergang auf den rechten Hang, ehe wir in den steilen Felshang unterhalb des **Bocca di Stagnu** gelangen. Nach eineinhalb Stunden erreichen wir den luftigen Sattel, auch

4

Brèche du Stagnu genannt (1985 m), auf dem wir bereits die traumhafte Aussicht auf die umliegende Bergwelt genießen können. Wir verlassen nun die Trasse des GR 20 und können über zwei Wege zum Gipfel ansteigen. Der nach rechts abgehende, gelb markierte Pfad führt direkt über den Grat, wobei mit Ausnahme des ersten Felsaufbaus, der umgangen wird, mehrere Aufschwünge zum Teil mit leichter Blockkletterei überwunden werden müssen. Eine zweite und leichtere Variante verläuft westlich unterhalb des Grates durch ein mit Erlen und Wacholder bewachsenes Schuttfeld. Hier erwarten uns mit Ausnahme einer eineinhalb Meter hohen, leicht zu überkletternden Felsstufe keinerlei Schwierigkeiten. Beide Varianten erreichen nach 45 Minuten den Gipfel **A Muvrella** auf 2148 m (2:30 Std.). Der Rückweg erfolgt entlang der Aufstiegsroute (Bocca du Stagnu 3 Std., Haut-Asco 4:30 Std.).

Variante: Wir können am Bocca du Stagnu die Wanderung um etwa eineinhalb Stunden auf der alten Route des GR 20 in Richtung Punta Calughia verlängern, wobei diese Variante erfahrenen Bergwanderern vorbehalten ist. Entweder direkt am Grat oder etwas unterhalb erreichen wir nach einer Stunde die **Punta Calughia** (2034 m, 4 Std.). Später wenden wir uns einem Felsaufbau zu, den wir überklettern müssen. Danach folgen einige ausgesetzte Felspassagen und steile Schuttrinnen, die Schwindelfreiheit und Trittsicherheit erfordern, ehe wir die eleganten Felstürme der **Punta Stranciacone** umgehen und wenig später bei 2048 m den Einstieg in die Scharte **Brèche de Missoghiu** erreichen. Wir steigen durch die steile Fels- und Schuttrinne auf dem rot markierten Steig ab (4:30 Std.) und treffen nach 30 Minuten auf die moderne Route des GR 20 (5 Std.), der wir nach links durch das weite, gletschergeschürfte Kar bis zur Skistation Haut Asco folgen (5:45 Std.).

Steiler Bergpfad von Haut Asco zum Gipfel A Muvrella

5

Dörferwanderung in der Balagne

Von Corbara nach San Antonio: Corbara – Pigna – Praoli – Sant'Antonino – Couvent de Corbara – Corbara

Karte: B3

leicht

12 km

4 Std.

↑ 375 m
↓ 375 m

ja

Tourencharakter: Einfache Wanderung von Dorf zu Dorf, auf alten Saumpfaden, Feld- und Pilgerwegen; einzelne Wegstücke können verwachsen sein und sind daher beschwerlich zu begehen.

Beste Jahreszeit: April, Mai; Herbst.

Ausgangs-/Endpunkt: Corbara (225 m). Wanderkarte: Ign 4149 OT, 4249 OT, M=1:25 000.

Markierung: Verschiedene Farbpunkte, jedoch Wegweiser an jeder Abzweigung, gelegentlich rote Pfeile.

Verkehrsanbindung: Über die Küstenstraße N 197 Calvi-Ile Rousse bis zur Abzweigung nach Corbara (5 km östlich von Algajola, 4,5 km westlich von Ile Rousse), dann auf der D 313 oder D 151 nach Corbara; Öffentliche Verkehrsmittel: Bahnstationen in Algajola und Ile Rousse; Corbara ist 5 km zu Fuß von Ile Rousse entfernt.

Einkehr: Verschiedene Bars und Gasthäuser in den Orten Corbara, Pigna, Praoli und Sant'Antonino.

Unterkunft: Campingplätze in Algajola (Camping de la Plage, A Marino, Canteratu City) und Ile Rousse (Les Oliviers, Le Bodri), Auberges und Hotels in Algajola und Ile Rousse.

Tourist-Info: Office de Tourisme, Place Paoli, BP 42, 20220 L'Ile Rousse, Tel. 0495/60 04 35, Fax 0495/60 24 74.

Von Corbara führt ein bequemer Saumpfad in die Landschaft der Balagne.

Die Balagne gilt mit seinen pittoresken Dörfern als lohnendes Wanderziel. Die Landschaft wird von sanften Bergen umschlossen und wirkt im Frühjahr mit der leuchtenden Macchie und den fruchtbaren Ackerböden überaus grün. Entlang dieser Rundtour erreichen wir vier Dörfer, vor allem Sant'Antonino, das wie ein Adlernest auf einem Felsen 500 m hoch über der Balagne thront.

Der Wegverlauf

Die **Balagne**, an der Nordwestküste Korsikas gelegen, zählt zu den beschaulichsten Landschaften der Insel. Unsere Rundwanderung startet im lieblichen **Corbara**, das auf einem Hügel zwischen 225 und 316 m Seehöhe sehr nahe an der Küste liegt. Der frühere Hauptort der Balagne war bereits im 9. Jh. besiedelt. Im Ortszentrum enthält die Eglise l'Annonciation einen barocken Hochaltar aus polychromem Marmor, der aus Ligurien stammt.

Wir steigen rechts der Hauptstraße über Stufen zu einem Waschplatz mit überdachtem Brunnen hinab und folgen dem gepflasterten

Weg durch die letzten Häuser in Ölbaumhaine hinein. Bald wird der breite Weg zu einem schmalen Saumpfad und durchquert mit zumeist gleich bleibendem Gefälle Ölbaum- und Weinkulturen. Man sollte sich vor Beginn der Wanderung im Touristenbüro in Ile Rousse erkundigen, ob der teilweise stark verwachsene und somit nur schwer passierbare Weg bereits rekultiviert wurde. Etwa 30 Minuten schlagen wir uns durch das Dickicht, wobei der Verlauf des Weges stets

deutlich erkennbar ist und keine Seitenrouten abzweigen. An manchen Stellen verläuft er auf der Trasse einer Wasserleitung, wo das Macchiengebüsch ein wenig zurücktritt. Nach rechts sehen wir auf die fruchtbaren Kulturgründe im Hinterland von Algajola hinab, die sich beinahe bis an die Küste ziehen. Nach 40 Minuten haben wir das Ende des Saumpfades erreicht und wechseln auf einen steinigen Fahrweg, der uns in

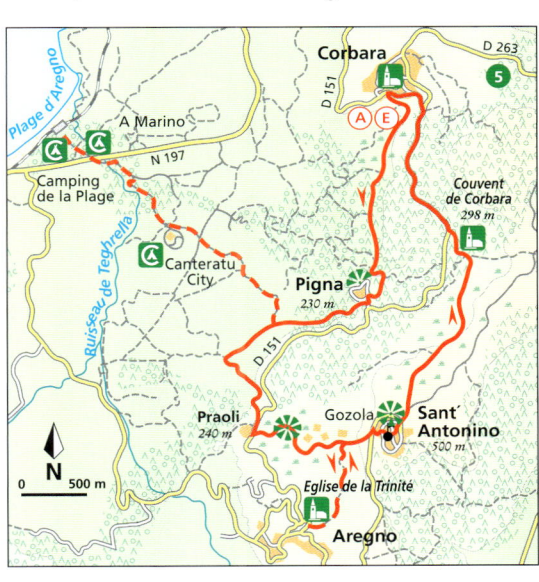

Serpentinen nach **Pigna** (230 m) hinauf bringt. Die letzten Meter bis zum Ort verlaufen auf einem gut ausgebauten Pilgerweg samt Kreuzwegstationen. Pigna ist eines jener Schwalbennest-Dörfer, die in strategisch günstiger Lage auf einer Geländekante hoch über der Landschaft liegen und traumhafte Aussichten bieten. Das sehr ursprüngliche und heute noch autofreie Dorf mit engen und zum Teil steilen Gassen empfängt uns mit einigen Künstler- und Souvenirläden sowie einladenden Bars (1 Std.).

Nach einer kurzen Rast setzen wir unseren Weg am Westrand des Örtchens fort, wo wir einem Hohlweg, vorbei an einer Quelle, abwärts folgen. Wir kommen wiederum direkt in die fruchtbaren Ackergebiete der Balagne hinein und durchqueren Weinanbaugebiete und Olivenhaine. Wir wandern etwa 25 Minuten auf dem gut begehbaren

5

Feldweg dahin, lassen eine nach rechts abwärtsführende Abzweigung nach Algajola unberührt, ehe wir an eine weitere Weggabelung herankommen. Nun schwenken wir auf den zwischen Steinmauern hindurchführenden Feldweg, der mit steilem Verlauf der Ortschaft **Praoli** entgegenstrebt, nach links ein. Wir erreichen das Dorf an der Straße D 151, der wir ein paar Meter nach rechts folgen müssen (240 m, 1:45 Std.). Sogleich setzt sich unsere Route am südlichen Straßenrand beim Wegweiser Sant'Antonino auf einem Fahrweg fort. Dieser bringt uns wiederum in Olivenhaine hinein, wo wir auf den Saumpfad nach Sant'Antonino wechseln. Wir müssen nun mehr als 250 Höhenmeter gewinnen, wobei stellenweise steinige, affodillbewachsene Hangkanten zu überwinden sind. Wir wandern großteils schattenlos durch Macchie, wobei sich jedoch herrliche Ausblicke auf die Balagne ergeben. Knapp unterhalb von Sant'Antonino zweigt nach rechts der Weg zur Wallfahrtskirche von **Aregno**, Eglise de la Trinité, ab, die eines der bedeutendsten Gotteshäuser der Balagne mit pisanischem Ursprung ist (2:15 Std.).

Von Pigna genießt man einen traumhaften Blick auf die Balagne im Hinterland von Algaiola.

Für diesen Abstecher müssen wir ca. 40 Minuten einplanen und kehren am selben Weg wieder zur Weggabelung zurück. Gleich anschließend kommen wir am »pagliaghiu« von Gozola vorbei, ehe wir nach gut 2:45 Stunden (ohne Abstecher nach Aregno) den höchsten Punkt unserer Wanderung, das Festungsdorf **Sant'Antonino** erreichen, das malerisch auf einer Felsenkuppe 500 m hoch über der Balage thront.

Tipp

In Corbara lohnt sich ein Blick sowohl in die Verkündigungskirche aus dem 18. Jh., in der Altar und Chorbalustrade aus polychromem Marmor gefertigt sind, als auch in die Konventkirche des Klosters von Corbara, die mit einer prächtigen Kanzel, einem Marmoraltar und Grabplatten der Familie Savelli ausgeschmückt ist.

Der Ort lässt sich nach wie vor nur zu Fuß durchqueren. Eine Treppe führt ins Ortszentrum und zur Nunziata-Kirche hinein, wo wir auf eine kleine Piazza mit Souvenirläden stoßen. Kleine, in die Felsen hineingebaute Tavernen mit lauschigen Veran-

das versorgen uns mit Erfrischungen. Am Aussichtspunkt »**A Cima**« blicken wir abwechselnd zur Meerseite ins Algajola-Becken und auf die Bergseite zu Monte Grosso und Monte Padro, die die Balagne auf der Südseite abschließen. Nach der Besichtigung des Ortes steigen wir an der Nordseite über Steintreppen zum Parkplatz hinab, an dessen gegenüberliegender Seite ein Feldweg in Richtung Couvent de Corbara (Wegweiser) beginnt. Bei der folgenden Weggabelung halten wir uns links, kommen an einer Kapelle mit Familiengräbern, einem »pagliaghiu« samt Dreschplatz und später an einer kühl sprudelnden Quelle vorbei. Durch Macchie und lichte Korkeichenkulturen wandern wir abwärts dem Konvent entgegen, das schon von weitem an seinem Kirchturm zu erkennen ist. Der Panoramaweg ermöglicht auch schöne Ausblicke auf Pigna und die Bucht von Algajola. Nach 45 Minuten ab Sant'Antonino sind wir beim **Couvent de Corbara** (298 m) angekommen (3:30 Std.). Die letzten 1,5 km des Rückweges nach Corbara müssen wir auf der D 151 zurücklegen, wobei wir stets abwärts wandern und nach insgesamt 4 Stunden Gehzeit den Ausgangspunkt erreichen.

Variante: Die Wanderung lässt sich unter Einbindung der Eisenbahn auch in **Algajola** beginnen. Bei den Campingplätzen am Ostrand befindet sich am Strand von Aregno die Bahnstation **Plage d'Aregno**. Wir durchqueren auf der »Passage public (öffentlicher Durchgang)« die beiden Campingplätze Camping de la Plage und A Marino, überqueren die N 197 und wandern auf einem Schotterweg bis zum Campingplatz **Canteratu City**. Von hier führt ein Feldweg an die Wanderroute heran, die wir zwischen Pigna und Praoli erreichen (→ **im Text als »Abzweigung nach Algajola« beschrieben**). Danach absolvieren wir nach rechts einbiegend die beschriebene Route, wobei der erste Abschnitt von Corbara nach Pigna zuletzt zurückzulegen ist. Schließlich gelangen wir am selben Weg zur Bahnstation Plage d'Aregno zurück. Mit dieser Variante verlängert sich die Wanderung um 1:15 Std.

6 Am Sentier Littoral

Durch die Agriates-Wüste: Ostriconi – Ruines Vana – Bocca d'Affacadojo – Bocca di Mercuriu – Ostriconi   Karte: C:2

 leicht

 13,5 km

5 Std.

 ↑ 121 m ↓ 121 m

 ja

Tourencharakter: Leichte, aber schattenlose Wanderung auf Macchienpfaden, Feld- und Schotterwegen, wobei mehrmals kürzere Anstiege zu überwinden sind.
Beste Jahreszeit: April–Mitte Mai, Oktober.
Ausgangs-/Endpunkt: Strand von Ostriconi (Meereshöhe).
Wanderkarte: Ign 4249 OT, M=1:25 000.
Markierung: Im Verlauf des Sentier littoral Wegsteine an den Richtungsänderungen, ab dem Bocca d'Affacadojo bis zum Ende keine Markierung.
Verkehrsanbindung: Der Strand von Ostriconi ist bequem über die D 81

(N 197) von Calvi/L'Ile Rousse nach Ponte Leccia zu erreichen; Parkplätze befinden sich im Bereich der alten Straße, die beim Village de Vacances de l'Ostriconi abzweigt.
Einkehr: Keine.
Unterkunft: Camping-, Feriendorf Ostriconi an der D 81; Hotels in L'Ile Rousse (15 km entfernt) oder St. Florent (28 km entfernt).
Tourist-Info: Syndicat Mixte Agriate in Casta, 20246 San-Pietro-di-Tenda, Tel. 0495/37 72 51; Syndicat d'Initiative de Saint Florent, Tel. 0495/37 06 04, tägl. 8–12 Uhr und 14–17 Uhr.

Die abwechslungsreiche Rundwanderung beginnt am Dünenstrand von Ostriconi und folgt später dem Sentier Littoral durch die einsame Landschaft der Agriates. Entlang des Weges treffen wir auf einige eindrucksvolle Küstenabschnitte, auf eine vielfältige Vegetation und kommen an aufgelassenen Gehöften vorbei.

Der Wegverlauf

Die **Désert des Agriates** umfasst ein 160 Quadratkilometer großes karges Wildnisgebiet im Norden Korsikas, das wegen des Naturreichtums und der weitgehend unbesiedelten Landschaft zum National-

Schon am Ausgangspunkt zeigt sich der schönste Blick auf den Strand von Ostriconi.

6

park Parco Nationale del Circeo erhoben werden soll. Derzeit genießt es bereits den Schutz als »Site du Conservatoire du littoral«. Um das unwegsame Gebiet den Wanderern wieder zugänglich zu machen, hat man vor kurzer Zeit begonnen, den ehemaligen **Sentier Littoral** von Ostriconi bis St. Florent wieder in Stand zu setzen. Unsere Wanderung verläuft ein wenig entlang dieses eindrucksvollen Saumpfades, der stets zwischen der abwechslungsreichen Küste und dem kargen Hinterland hin und her wechselt.

Der Begriff »Wüste« wird im Zusammenhang mit der Agriates nur als Synonym gebraucht. Es handelt sich vielmehr um ein macchienbewachsenes, gebirgiges Granit-Gneis-Gelände, das mit dem 418 m hohen Granitkegel des Monte Genova seine höchste Erhebung besitzt. Früher wurde das gesamte Gebiet durch Brandrodung urbar gemacht und galt als die Kornkammer der Balagne. Heute künden noch einige Ruinendörfer wie **Terricie** vom einstigen Reichtum der Gegend. Alte Wirtschaftswege erlauben zusammen mit dem Sentier Littoral stundenlange einsame Wanderungen oder erlebnisreiche Mountainbiketouren.

Die abwechslungsreiche Wanderung beginnt unmittelbar am Strand von **Ostriconi**, einem etwa 1000 m langen unverbauten

Dünenstreifen, der die **Anse de Peraiola** von der landeinwärts liegenden Lagune des Ostriconi-Flusses, dem **Etang de Foco**, abtrennt. Ausgehend von der alten Trassenführung der D 81 steigen wir auf einem schmalen Fußpfad zur Lagune hinab und müssen zuerst den Ostriconi-Fluss an seiner schmalsten Stelle knapp vor der Mündung ins Meer überqueren. Im Frühjahr wird man durch das seichte und langsam fließende Wasser waten müssen, während die Furt im Sommer nahezu ausgetrocknet ist. Entlang des Strandes, der von auffälligen Dünenpflanzen wie Levkoje, Strandhafer oder dem großfrüchtigen

6

Wacholder bewachsen ist, steuern wir auf den nördlichen Rand der Bucht zu, wo der alte Saumpfad des **Sentier Littoral** beginnt. Dieser wurde vor kurzem renoviert und mit Markierungssteinen versehen, die jeweils die großen Richtungsänderungen der Route kennzeichnen. Wir folgen dem Weg, der sich malerisch an der Küste entlang schlängelt, bis zur **Anse de Vana**, einer weiteren Bucht mit unberührtem Sandstrand. Hier wechselt der Pfad ins Landesinnere, umläuft die von dichtem Gestrüpp gesäumte Bucht und beginnt nach der Querung des **Sualelli-Flusses** anzusteigen (45 Min.). Mehrere Steilstufen führen auf einen felsigen Hangrücken, der mit Garrigue bewachsen ist. Bald kommen wir an das alte, bereits verfallene Gehöft der **Bergerie Sualelli** heran, ehe sich der Weg über eine Geländestufe steil zum Ruisseau Sualleli senkt. Nach dem Überwinden einer Kuppe steigt unsere Route in Richtung Monte Orlandu weiter ins Hinterland an und wird nach der Einsattelung der **Bocca d'Affacadojo** zu einer sandigen Schotterpiste (1:30 Std.). Auf dieser durchqueren wir nun gut 45 Minuten lang das Hochplateau oberhalb der Punta di l'Acciolu, wobei der Weg in einem weiten Bogen auf 104 Höhenmeter ansteigt und den Einschnitt des Ruisseau de Murzosa überquert. Nachdem die Wegtrasse die Talung des Valdu Castagnu erreicht hat, treffen wir auf eine Kreuzung, die auch den Wendepunkt unserer Wanderung darstellt (2:30 Std.). Halten wir uns weiterhin auf dem geradeaus führenden Schotterweg, erreichen wir nach knapp 10 Minuten ab der Abzweigung den historischen Weideplatz von **Terricie**. Die »pagliaghju« standen in größeren Abständen zu einer dorfähnlichen Siedlung zusammen und wurden

Die Steinhütten der Bergerie Terricie wurden zum Teil in Felsüberhänge gebaut.

Der **Sentier Littoral** stellt einen 35 km langen Wanderweg dar, der in drei Etappen bewältigt werden kann. Etappe 1, 6:30 Std. bis Ghignu (Unterkunft im Sommer, Res. Tel. 0495/37 06 04), Etappe 2, 2:45 Std. bis Saleccia (Zeltplatz, Besucherzentrum, Accueil Exposition Saleccia), Etappe 3, 5:30 Std. bis St. Florent.

durch einen Backofen, einen Dreschplatz und zwei Quellen in der Umgebung ergänzt. 1939 verließ der letzte Bauer mit seiner Ziegenherde Terricie, das noch heute – wenn auch mit eingefallenen Terrassendächern – an die Zeit erinnert, als die Agriates noch fruchtbar und reichlich mit Korn bewachsen war. Weitere, heute ebenfalls verfallene Orte der Agriates sind Saleccia, Chiosu, Malfalcu und Locu Pianu.

Wir wenden an der Kreuzung nach rechts und folgen der nun breiten Schotterstraße zurück nach Ostriconi. Der Weg überwindet mehrmals kleinere Geländekuppen und steigt bis zur **Bocca di Mercuriu** auf 121 m an. Auf diesem Sattel haben wir einen weiten Rundblick über die Agriates und sehen deutlich die wechselnde Struktur aus aufgelassener Kulturlandschaft und ursprünglichem Strauchbewuchs. Anschließend durchlaufen wir die Talung von **Monticellacciu** und verlieren zusehends an Höhe. Linker Hand sehen wir zur Bergerie de Monticellacciu hinab, ehe wir eine Felsnase umlaufen und entlang der **Punta di Granaia** an das Ostriconi-Becken herankommen. Nach einer auffälligen Linkskurve – rechts steht ein Steinhaus auf einer kleinen Wiese – führt der Weg etwas steiler abwärts, bereits mit Blick auf das Ostriconi-Delta und den **Etang de Cannuta**, der die Senke linker Hand abschließt. Knapp vor einer S-Kurve, bei der wiederum ein altes Steinhaus steht, müssen wir den Einstieg in den Saumpfad erwischen, der nach rechts abgeht und verwachsen sein kann. Dieser führt am Nordrand des Beckens entlang in Richtung Dünenstrand, wobei wir uns durch Garrigue, Schilfbestände und felsiges Gelände unseren Weg bahnen müssen. Ab und zu sind undeutliche orange Farbtupfer als Markierung ersichtlich, die auf größeren Steinen aufgemalt sind. Ist dieser Abschnitt deutlich ausgetreten oder von der üppigen Vegetation befreit, bereitet er keinerlei Schwierigkeiten, ansonsten kann es hier ein wenig schwierig werden, die Trasse zu finden. Erst bei einem Ferienhaus, das versteckt in dem üppig bewachsenen Geländerücken liegt, wird dieser Pfad zu einem Fahrweg. Auf diesem gelangen wir direkt zum Ostriconi-Strand zurück, wo sich unsere Rundwanderung schließt. Der Rückweg zum Ausgangspunkt verläuft nun wieder über den Strand.

7 Auf den Monte Stello

Der herrliche Aussichtsberg am Cap Corse: Pozzo – Bocca di Santa Maria
– Monte Stello – Pozzo
Karte: D2

 mittel

 12 km

 5 Std.

 1030 m / 1030 m

Tourencharakter: Einfache, schattenlose Wanderroute auf mäßig steilem Bergpfad, der nur durch den Höhenunterschied von mehr als 1000 m anstrengend wird.
Beste Jahreszeit: April–Mai, Oktober.
Ausgangs-/Endpunkt: Pozzo (277 m).
Wanderkarte: Ign 4347 OT, M=1:25 000.
Markierung: Teilweise blau und orange markierter Weg, Orientierung bei schönem Wetter problemlos.

Verkehrsanbindung: Zufahrt von Bastia auf der D 80 bis Erbalunga, von dort auf der D 54 bis Pozzo (5 km), im Ort beschilderter Parkplatz nahe der Kirche.
Einkehr: Auberge und Bar in Pozzo, entlang der Wanderroute keine Einkehrmöglichkeiten; Campingplatz in Marine de Sisco.
Tourist-Info: Keine.

Der liebliche kleine Ort Pozzo bildet den Ausgangspunkt der Wanderung.

Der leicht zu besteigende Monte Stello bildet den höchsten Punkt des Bergrückens, der das Cap Corse in seinem Zentrum durchzieht. Bei klarem Wetter bietet der Gipfel einen grandiosen Rundblick, der zur Insel Elba und sogar bis zum italienischen Festland reicht. Der am häufigsten benutzte Aufstieg beginnt im kleinen Bergdörfchen Pozzo.

Der Wegverlauf

Das Ziel dieser Tour verdeutlicht wie kaum eine andere Wanderung einen weiteren Beinamen Korsikas, nämlich ein Gebirge im Meer zu sein. Pozzo, auf 277 m an den unteren Hängen des Monte Stello gelegen, bildet als noch sehr ursprünglicher Ort den Ausgangspunkt zu dieser Panoramatour, auf der wir in knapp drei Stunden den Gipfel erreichen.

7

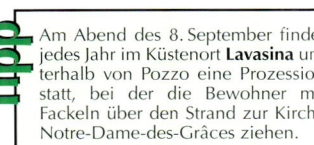

Am Abend des 8. September findet jedes Jahr im Küstenort **Lavasina** unterhalb von Pozzo eine Prozession statt, bei der die Bewohner mit Fackeln über den Strand zur Kirche Notre-Dame-des-Grâces ziehen.

Vom Parkplatz an der Kirche durchqueren wir den Ort auf der **Rue Napoléon** in südlicher Richtung und folgen bei einem Gasthaus dem orange markierten, nach rechts abzweigenden Pfad. Gleich anschließend verlassen wir bebautes Gebiet und treten in die dichte Macchie ein, die die Berghänge bedecken. Zuerst auf verfallenen Treppen und entlang von Steinmauern, später vorbei an den Resten einer Steinhütte, wandern wir durch immer dichter werdendes Baumerikagestrüpp und gewinnen auf dem mäßig ansteigenden Pfad allmählich an Höhe (1 Std.).

Nach einiger Zeit wird der Weg flacher und biegt in die Nordhänge des weiten Talkessels des **Ruisseau d'Arega** ein. Nach zwei Stunden erreichen wir das ehemalige Almgelände der **Bergerie de Teghime**. An der kühl sprudelnden Quelle können wir für den zweiten Teil des Aufstieges die Wasserflaschen füllen. In der Folge durchqueren wir auf dem nun wieder steileren Weg die oberen Hänge des Talkessels und erreichen nach einer halben Stunde ab Teghime den Sattel Bocca di Santa Maria (1097 m, 2:30 Std.). Sofort fällt der Blick auf die Westküste des Cap Corse, im Hintergrund lässt sich im Dunst sogar die Bucht von Calvi erahnen. Vom Sattel müssen wir an den Westhängen zuerst ein wenig absteigen, um auf den zum Gipfel führenden Pfad zu gelangen. Dieser durchschneidet die unteren Flanken des Monte Stello, ehe er im letzten Abschnitt mit einigen Windungen durch den Nordwestrücken steil zum Gipfel hinaufführt. Anstelle eines Gipfelkreuzes empfängt uns am höchsten Punkt des Cap Corse eine Sendestation (1307 m, 3 Std.). Doch der Rundblick über das Cap bis hin zum Etang de Biguglia ist absolut beeindruckend. Der Rückweg nach Pozzo erfolgt auf derselben Route (5:30 Std.).

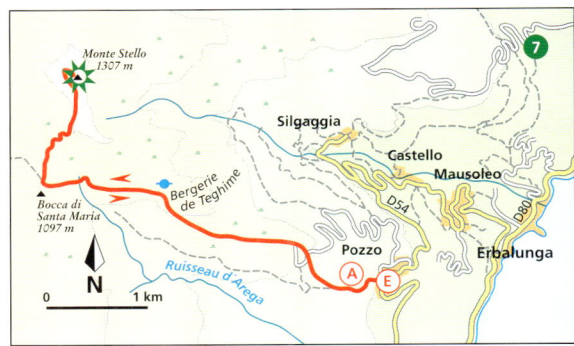

8 Der Sentier des Douaniers

Einsamer Küstenweg am Cap Corse: Macinaggio – Plage Tamarone – Tour Santa Maria – Macinaggio
Karte: D1

 leicht

 10 km

 3½ Std.

 ↑ 70 m ↓ 70 m

 ja

Tourencharakter: Leichte Rundwanderung auf Macchien-Pfaden, Feldwegen und Schotterstraßen mit geringen Höhenunterschieden, guten Aussichten und Bademöglichkeiten.
Beste Jahreszeit: April–Juni, September, Oktober.
Ausgangs-/Endpunkt: Macinaggio (Meereshöhe).
Wanderkarte: Ign 4347 OT, M=1:25 000.
Markierung: Holzpflöcke und kleinere Richtungswegweiser.

Verkehrsanbindung: Von Bastia auf der D 80 über Erbalunga ca. 40 km bis Macinaggio; Parkplätze am Hafen und in der Nähe des Campingplatzes.
Einkehr: Mehrere Bars und Restaurants in Macinaggio, Bar-Crêperie Number One, Bar-Hotel Les Iles, Glacier U Scalu, Restaurant Bellini; Buvette am Strand von Tamarone (Hochsaison).
Unterkunft: Kleinere Hotels in Macinaggio, Camping U Stazzu.
Tourist-Info: Informationen zu den Finicchiarola-Inseln unter Tel. 0495/32 38 14.

Der Genueserturm von Santa Maria.

Das einsame Cap Corse wird von einer sehr ursprünglichen Landschaft geprägt, in der das Meer allerorts spürbar ist. Unsere Wanderung führt von Macinaggio aus entlang des alten Zöllnerpfades ein wenig in dieses »verlassene Land«. Dabei begegnen wir eindrucksvollen Küstenabschnitten, duftender Macchie und kulturellen Sehenswürdigkeiten.

Der Wegverlauf

Die einfache Küstenwanderung beginnt im kleinen Hafenort **Maccinaggio** an der Nordostspitze des Cap Corse und folgt teilweise historischen Pfaden der Zöllner, die früher hier auf der Suche nach Schmugglern ihren Dienst versahen. Wir folgen der Hauptstraße »Chemin de l'Imperatrice« und biegen nach 200 Metern auf die schmale Zufahrt zum Campingplatz »U Strazzu« ab. Entlang der verwinkelten Asphaltstraße kommen wir

8

nach weiteren 1200 Metern zu einem Parkplatz, wo der eigentliche Wanderweg beginnt.

Wir steuern auf einen Sattel zu, auf dem von rechts unser Rückweg einmündet, und haben bald nach der Kuppe den Strand von **Tamarone** vor uns. Der Fahrweg endet an der romantischen Badebucht und wechselt auf die Trasse des **Sentier des Douaniers**. Wir wandern entlang dem Sandstrand und biegen am Nordende bei einem Markierungspflock auf den Weg ein, der zwischen Viehweiden hindurch etwas ins Landesinnere zieht. Später treffen wir auf einen Feldweg, auf dem wir den Sattel des **Monte di a Guardia** überqueren und nach 20 Minuten die Bucht von **Santa Maria** erreichen. Rechts lugt die Ruine der Steinkapelle Santa Maria aus dem Dickicht der Küstenmacchie, während vor uns in der Bucht die Reste des Genueser Wachturmes aufragen.

Der am besten erhaltene Abschnitt des Zöllnerpfades bringt uns von der Bucht Santa Maria zum Strand von Tamarone zurück. Er verläuft mit einigem Auf und Ab stets der Küste entlang, bis nach einer Anhöhe die **Ile Finocchiarola** ins Bild rücken. Gleich anschließend führt der Weg steil zum Kieselstrand hinab, quert diesen und steigt an den

Hängen des Monte di a Guardia an. Über einen Hangrücken gelangen wir zum Tamarone-Strand zurück und umrunden anschließend auf einem weiteren Abschnitt des Zöllnerpfades das Cap **Punta di a Coscia**. Von einer Aussichtsplattform haben wir einen herrlichen Blick auf die Bucht von Macinaggio, auf die Küstenlinie und die dahinter liegenden Sümpfe. Durch ein kleines Steineichenwäldchen gelangen wir wieder zum Hauptweg zurück und folgen diesem in südlicher Richtung bis zum Ausgangspunkt.

9

Zum Monte San Petrone

Felsengipfel im Laubwaldmeer der Castagniccia: Col de Prato – Lichtung
auf 1536 m – Gipfel – Col de Prato   Karte: D 3/4

mittel

12 km

5 Std.

↑782 m
↓782 m

ja

Tourencharakter: Leichte Streckenwanderung, vorwiegend auf schattigen Waldwegen und Pfaden; nur im obersten Abschnitt sind eine steile Rinne und im Gipfelanstieg Grobblockschutt zu bewältigen.
Beste Jahreszeit: April–Juni, September, Oktober.
Ausgangs-/Endpunkt: Col de Prato (985 m).
Wanderkarte: Ign 4349 OT, M=1:25 000.
Markierung: Steinmännchen, am Beginn blaue Punkte, in der 2. Hälfte rote Punkte; vereinzelt Wegweiser.
Verkehrsanbindung: Von Ponte Leccia auf der D 71, 14 km nach Morosaglia, von dort 3 km weiter bis zum Col de Prato.
Einkehr: In der Hauptsaison Bar »Snack U Magu« am Col de Prato.
Unterkunft: Hotels in Ponte Leccia; Campingplatz bei Ponte Leccia.
Tourist-Info: Office de Tourisme Castagniccia, 20229 Piedicroce, Tel. 0495/35 82 54, Fax 0495/58 41 01.

Der Monte San Petrone ist der höchste Gipfel in der sanften Landschaft der Castagniccia südlich von Bastia. Neben der grandiosen Aussicht begegnen wir alten Kulturlandschaften und den herrlichen Buchen- und Kastanienwäldern. Die Wanderung erhält im Oktober durch die Laubfärbung einen zusätzlichen Anreiz.

Die Lichtung auf 1536 m gewährt einen traumhaften Blick über die Castagniccia.

Der Wegverlauf

Unsere Wanderung beginnt am **Col de Prato** unmittelbar bei der nur im Sommer geöffneten Bar »Snack U Magu« und durchquert zuerst alte Weidegebiete. Mäßig aufwärts steigend kommen wir bald an Holzverschlägen vorbei, in denen Schweine beherbergt werden. Etwa 10 Minuten nach dem Schweinepferch biegen wir bei einer Ab-

9

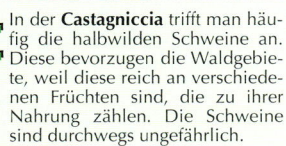

In der **Castagniccia** trifft man häufig die halbwilden Schweine an. Diese bevorzugen die Waldgebiete, weil diese reich an verschiedenen Früchten sind, die zu ihrer Nahrung zählen. Die Schweine sind durchwegs ungefährlich.

zweigung in den mittleren, nach oben führenden Weg ein und lassen den rechten, abwärts verlaufenden sowie den linken aufwärtsführenden unberücksichtigt. Unser Wanderpfad besitzt immer noch die Breite eines Fahrweges, wird aber zunehmend steiler und erreicht den geschlossenen Wald, der aus mächtigen Kastanien besteht (30 Min.).

Anschließend passieren wir einen weiteren Schweinepferch, bei dem unter einer großen Kastanie ein blaues Autowrack zu sehen ist (1 Std.). Auf der verrosteten Seitenwand wurde ein Richtungspfeil samt Aufschrift »Monte San Petrone« aufgemalt. Wir steigen nun durch kühlen Buchenwald aufwärts und treffen bei einem schwach ausgeprägten Sattel auf eine Weggabelung, wo wir den Waldweg nach links verlassen und auf einen Steig wechseln (1:30 Std.). Der

angenehm federnde, gleichmäßig ansteigende Pfad bringt uns nach 45 Minuten zu einer Lichtung auf 1536 m, die plötzlich einen ersten Einblick auf die Waldlandschaft der Castagniccia öffnet (2:15 Std.). Hier wenden wir nach Norden und folgen dem Weg durch die Wacholdergebüsche dieses ehemaligen Weidegebietes hindurch zum Gipfelaufbau. Nach einem kurzen Quergang steigen wir in einer Rinne mit losem Schiefergeröll steil zu einer weiteren Abflachung auf. Nun müssen wir auf die rote Markierung achten, um den Einstieg zum Felsaufbau zu finden. Durch Steilstufen und Blockschutt erreichen wir nach knapp drei Stunden Gehzeit den Gipfel des Monte San Petrone (1767 m), der wie ein Sonnenbalkon über der Waldlandschaft der Castagniccia zu schweben scheint. Der Rückweg zum Ausgangspunkt erfolgt über die Aufstiegsroute.

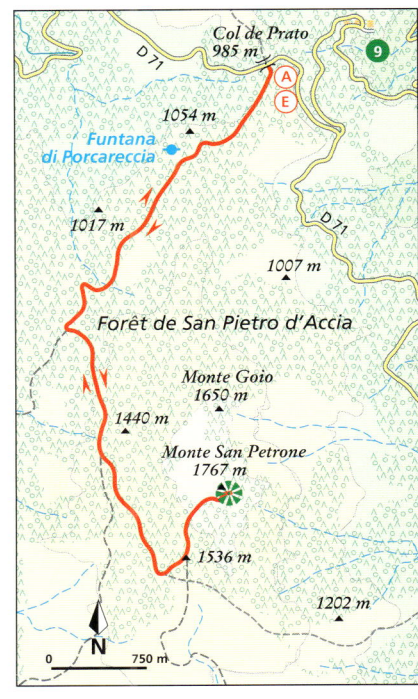

10 Durch die Tavignano-Schlucht

Von Corte ins urwüchsige Hochtal: Corte – Rastplatz – Hängebrücke – Refuge de la Sega – Corte

Karte: C4

 mittel

 12 km

 4¹/₂ Std.

 ↑ 300 m ↓ 300 m

 ja

Tourencharakter: Einfache Wanderung auf einem alten, zum Teil befestigten Hirtenpfad mit wenigen Steilstellen bis zur Hängebrücke; Bademöglichkeit in den Gumpen im Bereich der Hängebrücke.
Beste Jahreszeit: April–Juni, September, Oktober.
Ausgangs-/Endpunkt: Corte (450 m), Parkplatz in der Rue St. Joseph.
Wanderkarte: Ign 4250 OT, M=1:25 000.
Markierung: Orange; Wegweiser am Beginn des Weges.

Verkehrsanbindung: N 193 Bastia – Ajaccio bis Corte, auf der nördlichen Ausfahrt in die Stadt, vor dem Zentrum nach rechts zur Rue St. Joseph abbiegen; Bahnlinie Bastia-Ajaccio mit Nebenroute nach Calvi (April und Sept. 5–6 Züge pro Tag; 20 Min. vom Bahnhof zu Fuß zum Ausgangspunkt).
Einkehr: Bars und Restaurants in Corte.
Unterkunft: Hotels aller Kategorien und Campingplätze in Corte.
Tourist-Info: Maison du Tourisme, Fontaine des quatre Canons, 20250 Corte, Tel. 0495/46 26 70, Fax 0495/46 34 05.

Die Schlucht des Tavignano zählt zu den schönsten Flusstälern Korsikas, die nach wie vor nur über einen Saumpfad erreicht werden kann. Wir wandern unmittelbar von Corte aus in die wildreiche Schlucht und genießen die eindrückliche Landschaft mit mächtigen Laricio-Kiefern, Stromschnellen und Gumpen.

Der Wegverlauf

Die Route durch die Schlucht gehört zum Weitwanderweg »Mare a Mare Nord«, der mit orangen Markierungen auf sich aufmerksam macht. Der alte Saumpfad beginnt unmittelbar am Westrand der Altstadt von Corte (510 m). Wir lassen die Zitadelle hinter uns und treten unmittelbar nach der **Rue St. Joseph** ins stille Tavignano-Tal ein.

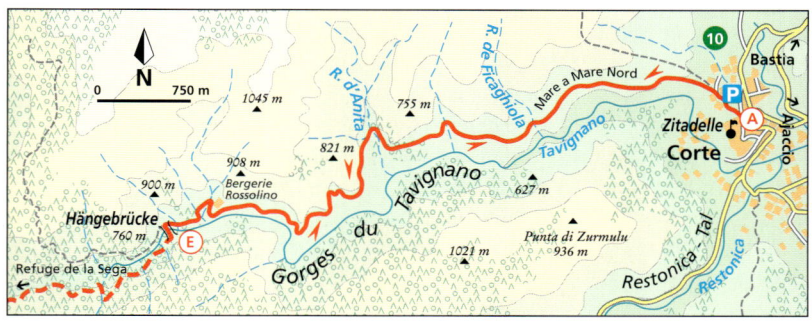

10

Die unverfehlbare Route wird auch durch einen Wegweiser mit der Aufschrift »Refuge de la Sega« gekennzeichnet und verläuft bis zur Hängebrücke am Nordhang der Talung. Zuerst wandern wir noch leicht ansteigend durch terrassiertes Gelände, kommen an Gärten, kleinen Holzverschlägen und Ställen vorbei, ehe wir in den urwüchsigen und naturbelassenen Teil der Schlucht eintreten. Nach einem Bachgraben führt der Weg in bewaldetes Gelände hinein, später überqueren wir den etwas tieferen Einschnitt des **Ficaghiola-Baches** (1 Std.).

Ein leichter Anstieg bringt uns auf einen mit Laricio-Kiefern bewaldeten Rücken, wobei wir etwas unwegsam Felsrinnen und rutschige Passagen überwinden müssen. Nach einiger Zeit erreichen wir einen weiteren Taleinschnitt, der mit alten Edelkastanien und Feigenbäumen bewachsen ist. Ein mäßig ansteigender Quergang führt uns aus dem Seitental heraus, um gleich anschließend nach einer Querpassage in den Taleinschnitt des **Ruisseau d'Antia** einzuschwenken (1:30 Std.).

Der Hain aus Französischem Ahorn spendet nur kurz Schatten,

Der Wanderweg durchschneidet die wildreiche Tavignano-Schlucht.

denn gleich führt uns der Weg in die sonnenumfluteten, macchienbewachsenen Hänge zurück. Nach der Umrundung eines Felsrückens steigen wir über einige Serpentinen steil aufwärts, um anschließend einen Felsbalkon hoch über der Schlucht zu erreichen (2 Std.). Von hier geht es mit welligem Auf und Ab teils auf felsiger Trasse durch schroffes Gelände. Unterhalb der verfallenen **Bergerie Rossolino** biegen wir nochmals in einen bewaldeten Hangeinschnitt ein. Jetzt sind es nur noch 200 Meter bis zur **Hängebrücke** (760 m), die wir nach zweieinhalb Stunden Gehzeit erreichen. Für den Rückweg nach Corte benötigen wir zwei Stunden.

11 Lac di Melo und Capitello

Zu den schönsten Bergseen Korsikas: Bergerie de Grotelle – Lac de Melo – Lac de Capitello – Bergerie de rotelle   Karte: C4

 anspr.

 15 km

6 Std.

 ↑ 682 m ↓ 682 m

Tourencharakter: Rundwanderung auf Bergpfaden durch das zentrale korsische Gebirgsmassiv; Steilstufen, Schuttrinnen und ein Gratweg erfordern Trittsicherheit; Schwindelfreiheit ist von Vorteil, jedoch ist keine Stelle des Weges extrem ausgesetzt.

Beste Jahreszeit: Ende Mai–Juli, September, Oktober; in der Hochsaison (August) ist diese Wanderung sehr überlaufen.

Ausgangs-/Endpunkt: Bergerie de Grotelle (1370 m).

Wanderkarte: Ign 4251 OT, M=1:25 000.

Markierung: gelbe Farbpunkte, oberhalb der Seen im Verlaufe de GR 20 weiß-rote Markierungen.

Verkehrsanbindung: Die Restonica-Schlucht ist von Corte aus über die schmale Bergstraße D 623 zu erreichen (15 km ab Corte). Im Sommer und an

Wochenenden empfiehlt sich wegen des starken Besucheransturmes eine frühe Anfahrt; bei der Bergerie de Grotelle steht ein großer, gebührenpflichtiger Parkplatz zur Verfügung. Keine öffentlichen Verkehrsverbindungen zwischen Grotelle und Corte; Bahnverbindung von Ajaccio, Bastia und Calvi nach Corte.

Einkehr: Bar »U Stazzu« bei der Bergerie de Grotelle, Milch- und Käseverkauf im Sommer auf der Bergerie de Melo; Bars, Pizzerias und Restaurants in Corte.

Unterkunft: Auberge Colonna, Auberge de Restonica, Camping Restonica in Corte, Camping de Tuani im Restonicatal (5 km ab Corte), verschiedene Hotels und Auberges in Corte.

Tourist-Info: Office de Tourisme, La Citadelle, F-20250 Korsika (Corse), Tel. 0495/46 26 70, Fax 0495/46 34 05, E-Mail corte.tourisme@wanadoo.fr.

Bei der Pont de Grotelle beginnt der Aufstieg zum Monte Rotondo.

Eine der schönsten Rundwanderungen Korsikas bringt uns von der wildromantischen Restonicaschlucht in die Bergwelt rund um die Karseen Melo und Capitello. Ausgehend von den Grotelle-Almen wandern wir zuerst in den Talschluss und weiter in die gletschergeformte, hochalpine Landschaft zu Füßen der Gipfel Lombarduccio und Punta Muzella.

Der Wegverlauf

Die wildromantische **Restonica-Schlucht**, die von Corte aus in die zentrale Bergwelt führt, gehört zu den bekanntesten Naturschönheiten Korsikas. Zwar wird die Idylle durch die Fahrstraße und durch die zahllosen Touristen in der Hochsaison gemindert, doch im Inneren erwartet uns eine Bergkulisse, die sich durchaus mit den mitteleuropäischen Alpen messen kann. Bis weit in den April hinein sind die Kare mit Schnee

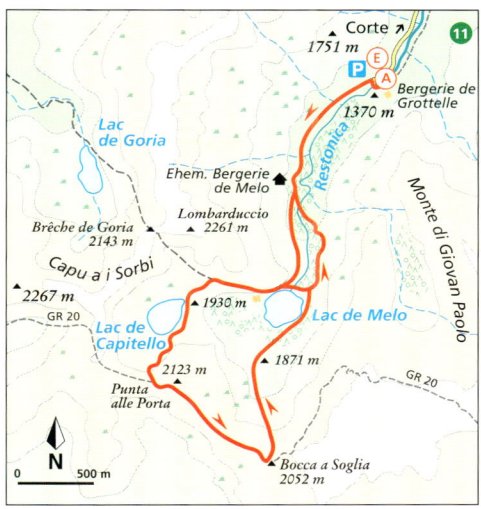

gefüllt und geben Gelegenheit zu spektakulären Skitouren, während man nachmittags ein genüssliches Bad an einem Strand entlang der Nord- oder Ostküste nehmen kann.

Die alpine Landschaft des Talschlusses, verstärkt durch mächtige Laricio-Kiefern, pittoreske Almen, spiegelglatte Granitwände und alpine Pflanzen, steht seit 1966 als Kerngebiet des »Parc Naturel Régional de la Corse« unter Naturschutz. Links und rechts der Talung ragen die zu den höchsten Gipfeln Korsikas gehörenden Berge wie Monte Rotondo (2622 m) oder Punta Mufrena (2590 m) auf. Der Talschluss wird aus einer steil aufragenden Felsbarriere gebildet, die den Melosee gegenüber dem Restonica-Tal abriegelt. Als die Gletscher am Ende der Eiszeiten abzuschmelzen begannen, füllten sich die nun frei werdenden Wannen mit Schmelzwasser.

Tipp

Das Hotel Colonna eignet sich aufgrund seiner Lage inmitten des Restonicatales besonders gut als Ausgangspunkt für Bergtouren. Es bietet etwa 20 Zimmer mit gehobenem Standard (Bad/WC, TV, Terrasse oder Balkon) und einen Swimmingpool sowie das Restaurant »Auberge de la Restonica« mit traditionell korsischer Atmosphäre und Menüs. Tel. 0495/45 25 65, Fax 0495/61 03 91, E-Mail restonic@club-internet.fr.

Wir beginnen in Corte mit der Anfahrt in das 17 km lange Tal in Corte und kommen bald in die immer bizarrer werdende Landschaft hinein. Über die **Pont de Tragone** (943 m) gelangen wir auf die südliche Talseite und erreichen nach dem Taleinschnitt des Timozzo zur Pont de Grotelle (1260 m). Hier beginnen die Bergpfade zum Monte Rotondo (2622 m), der lange Zeit als höchster Berg Korsikas galt. Bald danach erreichen wir am orographisch linken Ufer die Grotelle-Alm (1370 m), die aus mehreren, in den Bergwiesen verstreut liegenden Steinhütten besteht.

11

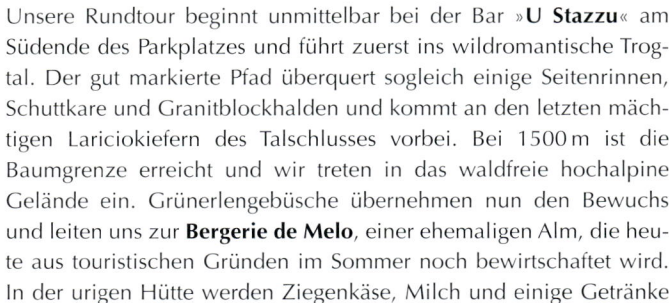

Die Leiter des »Accès difficile« unterhalb des Lac de Melo.

Unsere Rundtour beginnt unmittelbar bei der Bar »**U Stazzu**« am Südende des Parkplatzes und führt zuerst ins wildromantische Trogtal. Der gut markierte Pfad überquert sogleich einige Seitenrinnen, Schuttkare und Granitblockhalden und kommt an den letzten mächtigen Lariciokiefern des Talschlusses vorbei. Bei 1500 m ist die Baumgrenze erreicht und wir treten in das waldfreie hochalpine Gelände ein. Grünerlengebüsche übernehmen nun den Bewuchs und leiten uns zur **Bergerie de Melo**, einer ehemaligen Alm, die heute aus touristischen Gründen im Sommer noch bewirtschaftet wird. In der urigen Hütte werden Ziegenkäse, Milch und einige Getränke

angeboten. Kurz danach gabelt sich der Weg in eine leichte und eine schwierige Variante. Der »**Accès facile**« führt linker Hand auf steinigem Untergrund durch dichtes Erlengebüsch, während der »**Accès difficile**« rechts auf glattem Fels der Steilstufe des Talschlusses zustrebt. Für den Aufstieg erscheint uns der »Accès difficile« jedoch einfacher und wir wählen die Route, die geradeaus auf eine Felskante zuläuft.

Die Felsstellen, die wir nach wenigen Minuten erreichen, sind durch Seile und Leitern gesichert und bereiten keinerlei Schwierigkeiten. Nur bei Nässe oder Schneebedeckung im Frühjahr ist erhöhte Vorsicht geboten. Wir überwinden die Felsbarriere, die in weiterer Folge den Melosee

aufstaut. Nach einer guten Stunde ab dem Ausgangspunkt vereinen sich die beiden Aufstiegswege knapp vor dem Hochgebirgskessel des prächtigen Melosees, der eine gletschergeschürfte Wanne zu Füßen des mächtigen Fünfzacks des Pic Lombarduccio (2261 m) ausfüllt. Links davon schließt der Monte Rotondo die aufsteigende Kette des Capu a Chiostru ab. Die sanften, von kleinen Flachmooren und Grünerlengebüschen gesäumten Ufer laden ein zu einer ersten Rast und zum Genießen der famosen Bergwelt.

Wir steigen von hier zum zweiten Hochgebirgssee, dem Lac de Capitello, auf. Dazu benutzen wir den Bergpfad, der unterhalb des Lombarduccio an der Westseite des Melosees beginnt. Vorbei an einer Schutzhütte der Regionalparksverwaltung folgen wir zunächst ei-

11

Wer nicht mit dem Auto durch die Schlucht bis zur Grotelle-Alm fahren möchte, kann die Landschaft des Restonica-Tales auch entlang des 13 km langen Talweges erschließen, der beim Campingplatz de Tuani beginnt und den Ufern des Restonica-Baches entlang bis zur Bergerie de Grotelle führt (900 Höhenmeter, hin und retour 6 Std.).

nem erlenbewachsenen Bachlauf steil aufwärts. Entlang des stellenweise unangenehmen, felsigen Pfades müssen wir zwei kürzere Kletterstellen überwinden, ehe wir nach etwa einer Stunde ab dem Melosee eine Weggabelung erreichen. Geradeaus verläuft ein steiler Hochgebirgspfad durch die Schuttrinne Brèche de Goria zum Lombarduccio, nach links zweigt der viel begangene und gut ausgetretene Weg zum Capitellosee ab. Wir überwinden nochmals eine steile Geländestufe, die zu einem Seitental abbricht, und kommen anschließend an den Nordrand des **Capitellosees** heran (1930 m, 2 Std.). Der herrliche Gletschersee beeindruckt vor allem durch die steil in den See fallenden Granitwände des **Capu a i Sorbi** (2267 m). Vom äußeren Rand der Felsbarriere, die den See an der Ostseite aufstaut, sieht man zum Melosee hinab, der tief unten in dem weiten, gletschergeschliffenen Kar liegt.

Nach einer kurzen Rast setzen wir unsere Wanderung am gelb markierten Steig fort, der vom See nach Süden auf die steile Schuttrinne zu Füßen der Punta alle Porta zuläuft. Zuerst geht es noch durch Gra-

Der Höhepunkt der Wanderung: der Blick auf Lac de Capitello und Melo von der Punta alle Porta

Die urige Bergerie de Melo ist heute für Wanderer geöffnet.

nitblockhalden, die von kleinen Mooren durchsetzt sind, doch bald zieht der Weg in das Schuttkar hinein (gelbe Pfeile), durch das er beinahe in der Falllinie ansteigt. Selbst im Sommer können sich hier noch Schneefelder halten, doch wirkt das Gelände schwieriger als es tatsächlich ist. Mit Trittsicherheit und einiger Erfahrung kann man diesen Abschnitt problemlos bewältigen. Nach 45 Minuten ab dem Capitellosee stehen wir plötzlich auf der Scharte Punta alle Porta (2123 m, 2:45 Std.) und treffen auf die Route des GR 20, die über den Hauptgrat von Nordwesten nach Südosten verläuft. Nach Süden fällt der Blick in das Tal rund um den Lac de Creno und den Monte Sant' Eliseo ab (→ **Wanderung 13**). Wenn wir ein wenig nach rechts dem GR 20 folgen, wobei eine tiefe Einkerbung samt Gegenanstieg zu überwinden sind, erreichen wir einen Aussichtspunkt, von dem wir beide Seen hintereinander in den jeweiligen Felskesseln liegen sehen. Darüber ragt der Monte Rotondo auf und vervollständigt das grandiose Gebirgspanorama.

Nach diesem Abstecher schwenken wir bei der Scharte nach links auf den GR 20 ein, der in der Folge den Südhang des Hauptgrates durchschneidet. Eine halbe Stunde wandern wir beinahe eben auf diesem höhenwegähnlichen Abschnitt bis zum Sattel **Boccia a Soglia** (2052 m, 3:15 Std.). Das flache, mit Granitblöcken bedeckte Plateau gibt den Blick auf den Kessel des Lac de Melo, diesmal von der Südseite eingesehen, frei. Eine gelbe auf einem Felsblock aufgemalte

Markierung mit Pfeil und Aufschrift »Melo« weist uns auf den Abstiegsweg hin. Wir durchqueren nun das mäßig steile und mit Erlen-
büschen und Bergwiesen bewachsene Kar, das über zwei Stufen zum
Melosee hinabführt. Vorbei an blank geputzten Felsplatten, Schaf-
weiden und kleineren Seen, kommen wir zum ersten Absatz dieses
Kares auf 1871 m. Wahr-
scheinlich hat der Gletscher
hier die Mulde zu flach ausge-
schürft, weshalb sich kein See
bilden konnte. Wir wandern
links an der flachen Felsbarriere vorbei, um auf den Abstiegsweg zum Melosee zu
gelangen. Rechter Hand stürzt
der Bach durch einen tiefen
schluchtartigen Felsriss hindurch und bildet einen tosenden Wasserfall. Das letzte
Wegstück bis zum See ver-
läuft etwas steil abwärts, wobei wir glatte Plattenschüsse
überwinden müssen (Rutsch-
gefahr nur bei Nässe).
Schließlich erreichen wir den
Melosee am Westufer und
treffen nach der Querung von
Grünerlengebüschen mit dem
Hauptweg zusammen (5 Std.).

Für den Abstieg zum Ausgangspunkt wählen wir nun den »**Accès fa-**
cile«, der auf der rechten Talseite bis zur Bergerie de Melo absteigt.

*Das felsige
Ufer am Lac
de Melo.*

Wir überqueren den Abfluss des Melosees (Ursprung des Restonicab-
aches) und folgen dem steil abwärtsführenden, sehr steinigen und
mühsamen Bergpfad, der zu Füßen des Monte di Giovanni Paolo talauswärts zieht. Durch Erlengebüsch und über teils loses Gestein
überwinden wir die Steilstufen, ehe wir knapp vor der Alm nochmals
den Restonicabach queren. Für den Rückweg zu den Grotellealmen
folgen wir nun dem Aufstiegsweg und erreichen nach 25 Minuten ab
der Bergerie de Melo den Ausgangspunkt am großen Parkplatz
(6 Std.).

12 Der Monte Renoso

Einfache Bergpfade zum Dach der Insel: Bergerie de Campanelle – Lacs de Bastani – Monte Renoso   Karte: C5

mittel

20 km

8¹/₂ Std.

↑ 1008 m
↓ 1008 m

Tourencharakter: Einfache und abwechslungsreiche, aber lange Rundtour auf Bergpfaden und über Geröllfelder; grandiose Aussichten, Gebirgsseen und hochalpine Landschaften.
Beste Jahreszeit: Mitte Mai–Mitte Oktober.
Ausgangs-/Endpunkt: Bergerie de Campanelle (1586 m).
Wanderkarte: Ign 4252 OT, M=1:25 000.
Markierung: Steinmännchen, weiß-rote Farbstriche des GR 20.

Verkehrsanbindung: Von der N 193 Bastia – Ajaccio auf die D 69 zum Col de Vizzavona abzweigen und weiter nach Ghisoni.
Einkehr: Snack-Bar U Renosu; Restaurant/Bar und eingeschränkte Einkaufsmöglichkeiten in der Refuge U Fugone.
Unterkunft: Refuge de Campanelle, 12 Schlafplätze; Wanderherbergen M. Maurizi und A. Pieri; Hotel le Kyrie in Ghisoni mit 27 Zimmern.
Tourist-Info: Keine.

Der Monte Renoso stellt trotz seiner Höhe von 2352 m einen sehr leicht zu besteigenden Gipfel der zentralen Gebirgskette Korsikas dar. Wir durchqueren eine hochalpine Landschaft mit Gebirgsseen, Graten und Geröllhalden und genießen vom Gipfel eine weit reichende Rundsicht auf die Bergwelt der Insel. Am Rückweg kommen wir an der höchst eindrucksvollen Moorlandschaft der Pozzines vorbei.

Der Wegverlauf

Wir beginnen die Wanderung an der Bergerie de Campanelle mit dem steilen Bergpfad, der unterhalb der Hütte **U Renosu** (1586 m) am Rand des Skihanges nach rechts aufwärts steigt. Ein Schild mit der Aufschrift »**Lac du Bastani**« markiert diesen Weg. Zuerst queren wir den unteren Abschnitt des Skihanges, der

12

Die Bergerie de Pozzi dient Wanderern als Schutzhütte.

durch Geländeplanierungen und Gräben verunstaltet ist. Einige Serpentinen bringen uns rasch höher, ehe der Weg aus dem Skihang in bewaldetes Gelände schwenkt. Wir laufen um einen bewaldeten Hangrücken herum und kommen bei 1850 m an die Waldgrenze heran. Nun wendet die Route nach Westen und gibt erste Blicke auf das Gebirgspanorama mit dem Monte Renoso im Zentrum frei.

Durch Zwergstrauchgebüsch, meist Ätna-Berberitzen, Grünerlen und Wacholder, gewinnen wir entlang dem holprigen, mit Steinmännchen gekennzeichneten Bergpfad an Höhe (30 Min.). Die Gebirgslandschaft wird nun immer eindrucksvoller und der Gipfel des Monte Renoso rückt linker Hand immer näher. Ein Quergang, der durch Grünerlengebüsch führt, bringt uns zu einem weiten Karbecken unterhalb des Zentralkamms, auf dem

Tipp

Die Wanne des **Lac de Bastani** wurde von den Gletschern der letzten Eiszeit ausgehöhlt und durch eine Schuttmoräne aufgestaut. Mit 24 Metern Wassertiefe gehört er zu den tiefsten Gletscherseen der Insel.

kein See, dafür aber kleinere Pozzines ausgebildet sind (1 Std.). Nach der Querung des **Pizzolo-Baches** steuern wir auf einen Moränenwall zu, der parallel zu einem Hochtal verläuft. Immer wieder sind kleinere Bachläufe zu überwinden, ehe das Gelände steiler wird. Nach einem Linksschwenk treten wir in den mächtigen Moränenhang ein, der steil zum Becken des Lac de Bastani hinaufzieht. Nach weiteren 15 Minuten haben wir den Sattel vor dem **Lac de Bastani**, der den See aufstaut, erreicht (2092 m, 1:45 Std.).

Wenn wir zum Ufer absteigen wollen, müssen wir den Hauptweg zum Monte Renoso, der den Wall entlang nach rechts verläuft, ein

12

wenig verlassen. Doch dieser Abstecher lohnt sich, zumal am Ufer schöne Rastplätze liegen. Zum Baden wird das glasklare Wasser wohl meist zu kalt sein, denn der See bleibt bis Mitte Mai zugefroren. Nur Bachsaiblinge, die das kalte, aber sauerstoffreiche Wasser schätzen, können hier noch überleben. In den grasigen Mulden rund um das Ufer entwickeln sich Im Frühsommer regelrechte Teppiche der rosafarbenen Korsischen Krokusse.

Wir kehren zum Hauptweg zurück und beginnen den steilen Aufstieg auf den weitläufigen Gebirgsrücken des Zentralkammes. Wir folgen einem schuttgefüllten Geländerücken, auf dem der Weg deutlich ausgetreten ist, aufwärts und erreichen nach 25 Minuten ab dem See das weitläufige Plateau der **Punta Bacinello** (2247 m), das nach Westen sanft ins Volta-Tal abfällt (2:15 Std.). Der Hauptanstieg liegt nun hinter uns und wir folgen dem rot markierten Pfad durch ein Gewirr aus Schutt und Grobblöcken über das gleichmäßig und sanft ansteigende Plateau bis zum Gipfel. Selbst der höchste Punkt des **Monte Renoso** (2352 m) ist noch mit losen Felsblöcken überlagert. Mit ein wenig Blockkletterei arbeiten wir uns zum provisorisch zusammengebundenen Gipfelkreuz vor (2:45 Std.). Die

Tipp

Der Begriff **Pozzine** wurde 1910 vom Botaniker J. Briquet eingeführt. Damit werden verlandende Gebirgsseen bezeichnet, deren Entstehung eng mit der Vergletscherung Korsikas zusammenhängt. Das Wort setzt sich aus pozzi – Brunnen oder Wasserloch – und der Endung »-ine« – abgeleitet von »alpine« – zusammen.

Aussicht auf die umgebende Bergwelt ist überwältigend. Im Süden liegt der Monte Inducine, nach Norden sehen wir vorbei am Monte d'Oro und Monte Rotondo bis zum Paglia Orba. Die beiden Gebirgsseen Lac de Bastani und Lac de Nielluccio durchsetzen tief unter uns mit ihrem tiefen Blau das gleißende Silbergrau der Granitfelsen.

Konditionsstarke Wanderer können die Tour knapp unterhalb des Gipfels auf dem nach Südosten führenden Steig fortsetzen und zu einer Rundwanderung verlängern. Wer hier umdreht, erreicht nach zwei Stunden entlang der Aufstiegsroute den Ausgangspunkt. Wir folgen dem Steig über den Grat, an dem immer wieder kleinere Gipfel wie zuerst die **Punta di Valle Longa** (2281 m) und später die **Punta Orlandino** (2273 m) aufragen. Zwischen den Gipfeln müssen kleinere Mulden und unmerkliche Gegenanstiege überwunden werden. Kurze Felspassagen führen weiter zum **Monte Torto** (2262 m), von wo wir dem Grat der **Crète de Pietradione** folgen. Dieser nach Südwesten sanft abfallende Rücken leitet uns an den **Col de Pruno** (1972 m, 4:30 Std.) heran, wo der Abstieg zur **Bergerie de Pozzines** erfolgt.

12

Wir schwenken bei Steinmännchen nach Süden und wandern auf dem in weiten Serpentinen angelegten Bergpfad abwärts. Schon von hier aus erkennen wir die merkwürdige Sumpflandschaft, die sich in einer Senke hinter der Alm ausbreitet. Es sind **Pozzines**, ein korsischer Typ von Mooren, die nach der Eiszeit durch die Verlandung von Gletscherseen entstanden sind.

Von der Bergerie, die aus kleinen Steinhütten besteht und auch einen Unterstand für die Wanderer anbietet, wandern wir auf dem deutlich ausgetretenen und rot markierten Pfad ostwärts (5 Std.). Nach einem Bacheinschnitt durchqueren wir die mit Berberitzen und Kiefern schütter bewaldeten Hänge unterhalb der **Punta Capella** und streben stets abwärts dem Hochplateau Gialgone entgegen. Markante knorrige Bergahorne, die auf dem von Weiden und Zwergsträuchern bedeckten Hochplateau wachsen, bilden die Kulisse für die **Wegkreuzung** mit der Route des Weitwanderweges GR 20, auf den wir sogleich nach links (in Richtung Vizzavona) einbiegen (1591 m, 6 Std.). Nun wandern wir in nördlicher Richtung durch herrlichen Buchenwald beinahe eben dahin, wobei immer wieder Bacheinschnitte wie der **Ruisseau de Lischetto** zu queren sind. Nach einer Stunde ab der Abzweigung queren wir den Graben des Ruisseau de Cannareccia (7 Std.), anschließend beginnt der Weg durch die Hänge des **Serconaccie** abzusteigen. Ein Quergang führt uns an die Zufahrtsstraße zur Bergerie de Campanelle heran (1344 m, 7:30 Std.), wo wir den Gegenanstieg zurück zum Ausgangspunkt unserer langen Rundwanderung beginnen. Wir folgen dem Weg am orographisch linken Ufer des **Ruisseau de Casso** aufwärts und treffen auf das Gelände der **Bergerie de Traggette**. Von hier erreichen wir in 15 Minuten ebenen Weges den Endpunkt am Parkplatz unterhalb der Refuge U Renosu (8 Std.).

Grenzenlose Kreativität der Natur: die Pozzines nahe der Bergerie de Pozzi.

13 Lac de Creno

Einziger Waldsee Korsikas und der Gipfel Monte Sant'Eliseo: Parkplatz
– Lac de Creno – Monte Sant'Eliseo   Karte: C4

 leicht

 9 km

 3 Std.

 ↑ 541 m ↓ 541 m

 ja

Tourencharakter: Einfache Streckenwanderung auf durchwegs leicht zu begehenden Wald- und Bergpfaden mit mäßiger Steigung.
Beste Jahreszeit: April–Oktober.
Ausgangspunkt: Parkplatz auf 1010 m, 4 km oberhalb von Soccia.
Endpunkt: Soccia (729 m).
Wanderkarte: Ign 4251 OT, M=1:25 000.
Markierung: Rote Farbpunkte, Wegweiser, Steinmännchen.
Verkehrsanbindung: Von Sagone aus nach Vico, über die D 123 nach Gua-

gno-les-Bains, auf der D 323 nach Soccia (Anfahrt ausgeschildert). Dort fährt man zuerst durch die engen Gassen des Ortes, bis nach einem kleinen Taleinschnitt nach links eine schmale Asphaltstraße abgeht (4 km zum Ausgangspunkt).
Einkehr: Bars in Soccia.
Unterkunft: kleine Auberge in Soccia, Kurhotel Guagno-les-Bains 4 km westlich von Soccia.
Tourist-Info: Office de Tourisme 20118 Sagone, Route de la Plage, Tel. 0495/28 05 36.

Von Soccia aus führt der Wanderweg zum Lac de Creno.

Eine kurze und einfache Streckenwanderung bringt uns zum romantischen Waldsee Lac de Creno, der am Nordfuß des Monte Sant'Eliseo in einer Gletscherwanne liegt. Später können wir noch zum Gipfel selbst aufsteigen, der eine herrliche Rundsicht auf diese einsame Berggegend verspricht.

Der Wegverlauf

Korsika besitzt etwa 40 natürliche Seen, die allesamt durch die eiszeitlichen Gletscher entstanden sind und in den baumfreien Gebirgsregionen liegen. Nur der idyllische Crenosee im Westen der Insel fällt aus der Reihe. Weil er nur

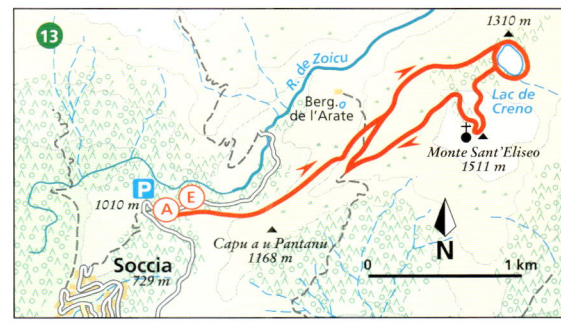

auf 1300 Meter See-
höhe liegt, wird er
von einem dichten
Wald aus Laricio-Kie-
fern gesäumt.

Der einfache und
vor allem zur Ferien-
zeit viel begangene
Wanderweg beginnt
vier Kilometer ober-
halb des Örtchens

Soccia an einem Parkplatz auf 1010 m Seehöhe. Wir folgen der
Fahrstraße zur Bergerie dell'Arate wenige Meter, kommen an einem markanten Eisenkreuz vorbei und biegen bei einem betonier-
ten Bassin mit blauem Richtungspfeil auf den Wanderpfad ein. Zuerst queren wir auf dem zum Teil steilen Pfad gebüschbewachse-
nes Gelände und entfernen uns immer mehr vom Talboden des
Ruisseau de Zoicu. Später begleiten uns mächtige Edelkastanien,
die aber bald wieder von schattenloser Macchie abgelöst werden.
Nach einer Stunde liegt der Hauptanstieg hinter uns und wir erreichen den schattigen Kiefernwald, in den wir beinahe eben hinein-
wandern. Auf der Höhe des Sattels schwenkt der Weg knapp vor
dem See nach rechts und führt leicht abwärts zum Becken des Lac
de Creno, der mit seiner blau-schwarz schimmernden Wasser-
fläche inmitten des Kiefernwaldes scheinbar vor sich hin träumt
(1310 m, 1:15 Std.). Schmale Pfade erlauben in etwa 10 Minuten
die Umrundung des Gewässers.

Nahe dem Nordufer, etwa beim Steinhäuschen des Naturparks,
zweigt der Aufstiegsweg zum Monte Sant'Eliseo ab. Wir überwinden
die 200 Höhenmeter über den bewaldeten Nordhang, der sich
knapp unterhalb des Gipfels lichtet und Blicke auf den Lac de Creno
freigibt. Vom Gipfel selbst, auf dem eine kleine Kapelle errichtet wurde, umfasst die Rundsicht das einsame Bergland des hinteren Gros-
so- und Liamonetales (2 Std.). Wir treffen auf den mit Steinmännchen
markierten Weg, der in einigen Serpentinen den Westhang hinabführt. Nach einer Weile schwenkt dieser nach Süden und steuert auf
den Aufstiegsweg zum Creno-See zu, der bei einem Kreuz erreicht ist
(2:30 Std.). Von hier benötigen wir noch etwa 30 Minuten, bis wir
den Ausgangspunkt erreicht haben (3 Std.).

14

Zum Lac de Nino

Durch den Valdu-Niellu-Wald: Forsthaus Poppaghia – Bergerie de Colga – Lac de Nino – Forsthaus Poppaghia   Karte: C4

● mittel	
🥾 11 km	
🕐 4¹/₂ Std.	
⛰ ↑ 800 m ↓ 800 m	

Tourencharakter: Mittelschwere Streckenwanderung, die vor allem in der zweiten Weghälfte ab der Bergerie de Colga durch einen steilen und unübersichtlichen Aufstieg, der durch Felssturzgelände und über Granitplatten verläuft, anstrengend wird; bei Nässe ist dieses Wegstück teilweise gefährlich.
Beste Jahreszeit: Mai–Juli, September, Oktober.
Ausgangs-/Endpunkt: Forsthaus Poppaghia.
Wanderkarte: Ign 4251 OT, M=1:25 000.

Markierung: Wegweiser am Beginn der Tour, gelbe Farbpunkte im Verlauf des Weges, Steinmännchen im waldfreien Gelände.
Verkehrsanbindung: Das Forsthaus Poppaghia im Wald von Valdu-Niellu liegt an der Straße D 84 durch das Golotal, die zum Col de Verghio und weiter nach Evisa und Porto führt; Parkplätze befinden sich am Forsthaus.
Einkehr: Keine.
Unterkunft: Berggasthof in Calacuccia, Hotels in Evisa.
Tourist-Info: Calacuccia (nur Sommer) Tel. 0495/48 05 22, Fax 0495/48 08 80.

Entlang dieser Wanderung erwartet uns einer der schönsten Wälder Korsikas, als Ziel einer der schönsten Gebirgsseen der Insel, der Lac de Nino. Er liegt romantisch in einer Felsmulde inmitten der atemberaubenden zentralen Bergwelt. Zudem werden die Mühen des steilen Aufstiegs durch herrliche Gebirgspanoramen belohnt.

Nach gut einer Stunde erreicht man die Bergerie de Colga.

Der Wegverlauf

Am Parkplatz beim Forsthaus Poppaghiu (1076 m), das zum Waldschutzgebiet Valdu-Niellu gehört, empfängt uns der Wegweiser »Lac de Nino 2h45« und leitet uns auf den Pfad, der zuerst durch dieses Schutzgebiet verläuft. Valdu-Niellu bildet zusammen mit dem Forêt d'Aitone, der westlich des Col de Verghio anschließt, das größte geschlossene Waldgebiet Korsikas. Stattliche Buchen und 30 m hohe und bis zu 500 Jahre alte Laricio-Kiefern bauen diesen herrlichen Forst auf, der den oberen Teil der Golotalung zur Gänze einnimmt. Entlang des unteren Abschnitts unseres Wanderweges begleiten uns zudem noch moosüberzogene Felsen und Far-

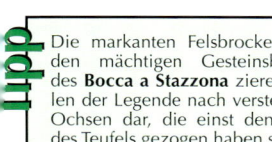

Die markanten Felsbrocken, die den mächtigen Gesteinsbalkon des **Bocca a Stazzona** zieren stellen der Legende nach versteinerte Ochsen dar, die einst den Pflug des Teufels gezogen haben sollen.

ne, die den Urwaldcharakter dieser Landschaft unterstreichen.

Der Weg umläuft zuerst die Nordspitze des bewaldeten Hangrückens **Crête d'Orsu-Longu**, ehe er in die bewaldete Talung des **Ruisseau de Colga** eintritt und am orographisch rechten Uferhang entlang führt. Parallel zum Wildbach steigen wir in schattigem Gelände, aber auf steinigem Weg allmählich aufwärts und treffen nach 20 Minuten auf eine Forststraße. Wir überqueren diese und setzen die Wanderung auf der gegenüberliegenden Straßenseite am Waldweg fort. Bald müssen wir einen Seitenbach, der mit Erlengestrüpp verwachsen ist, queren, um später mit etwas undeutlicher Wegführung auf das orographisch rechte Ufer des Wildbaches zu wechseln. Dabei ist auf die Markierungen zu achten, die am gegenüberliegenden Ufer an den Bäumen angebracht sind. Wir befinden uns nun auf einer »Landzunge«, die zu beiden Seiten von Bacharmen umgeben ist. Mit steilem, aber wildromantischem Verlauf arbeitet sich der Weg durch knorrige Kiefern der Waldgrenze entgegen und erreicht diese bei abschüssigen Felsplatten. Nun wird erstmals der Talschluss sichtbar, durch den wir bis zum Karsee aufsteigen werden.

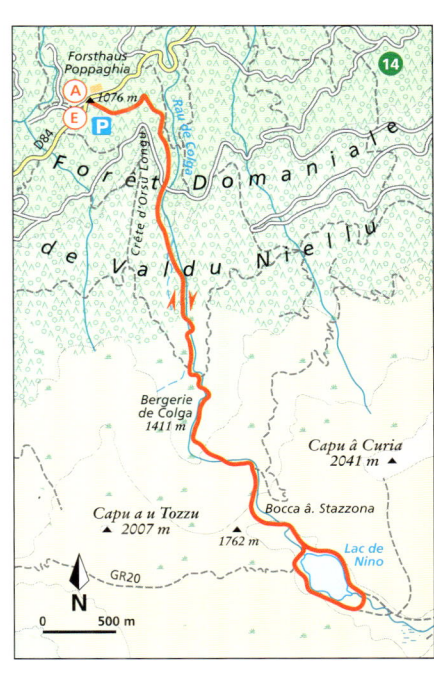

Rechter Hand wird die Landschaft vom imposanten Gipfel des **Capu a u Tozzu** (2007 m) eingerahmt. Wir queren einen weiteren Seitenbach und folgen dem Bergpfad durch schuttreiches Gelände, in dem man die Trasse bei Unachtsamkeit leicht verlieren kann. Nach einer letzten Bachquerung (gelbe Markierungen beachten) kommen wir an die **Bergerie de Colga** (1411 m) heran, die mit aus Stein gebauten Ställen und saftig grünen Weideflächen aus der

14

Felssturzlandschaft herauslugt (1:15 Std.). Nun beginnt der Anstieg zum **Bocca a Stazzona**, der steil und rutschig über zahlreiche Grobblöcke und teilweise glatt geschliffene Felsplatten führt. Ab und zu muss man die Hände zu Hilfe nehmen und vorausschauend nach den gelben Markierungen suchen, die den richtigen Wegverlauf zeigen. Selbst im späteren Frühjahr können hier die Mulden noch mit Schnee gefüllt sein, sodass doppelte Vorsicht geboten ist. Bei Nässe sollte man überhaupt in Betracht ziehen, die Wanderung bei der Bergerie de Colga abzubrechen. Erlauben es die Verhältnisse, erreichen wir nach etwa 45 Min. ab der Bergerie einen kleinen Taleinschnitt und müssen ein Bächlein queren (2 Std.). Nun zieht der Weg mit steilem Verlauf schräg aufwärts, mit stetem Blick auf die nun auftauchenden markanten Steinblöcke, die »**Ochsen des Teufels**« genannt werden. Nach einer Stunde ab der Bergerie haben wir den Sattel **Bocca a Stazzona** auf 1762 m erreicht und genießen erst einmal das traumhafte Bergpanorama (2:15 Std.).

Nach Norden liegt das Colga-Tal vor uns, dahinter ragen Paglia Orba und Monte Cintu auf, nach Süden erstreckt sich der prächtige Ninosee in einer Felsmulde und geleitet zur Hochgebirgskette des Campotile. Umgeben von sanften Bergwiesen und sogenannten Pozzines (kleine Feuchtgebiete) strahlt der See eine überwältigende Romantik und Lieblichkeit inmitten dieser bizarren Bergwelt aus. Wir können mit wenigen Schritten zum See hinabsteigen und ihn umrunden, wobei wir am Westufer ein wenig dem vom Col de Verghio heraufkommenden GR 20 folgen (2:45 Std.). Unser Abstieg ins Tal verläuft aber entlang der Aufstiegsroute. Nach etwa 1:45 Std. Gehzeit erreichen wir den Ausgangspunkt beim Forsthaus (4:30 Std.).

Die versteinerten Ochsen am Sattel oberhalb des Lac de Nino.

Im Bannkreis des Paglia Orba

Zum Col de Maures: Fer a Cheval – Bergerie de Radule –
Refuge di i Mori – Col de Maures – Col de Verghio   Karte: B/C 4

Tourencharakter: Anspruchsvolle kombinierte Strecken- und Rundwanderung auf teils steinigen Bergpfaden, die auch über Grobblockhalden führen.
Beste Jahreszeit: April–Juni, September, Oktober.
Ausgangspunkt: Kurve Fer-à-Cheval an der D 84 (Parkmöglichkeit).
Endpunkt: Col de Verghio.
Wanderkarte: Ign 4250 OT, M=1:25 000.
Markierung: Weiß-rote Markierung des GR 20, zwischen Bergerie de Tula und Refuge di i Mori rote Farbpunkte und Steinmännchen.

Verkehrsanbindung: Ausgangs- und Endpunkt der Wanderung liegen unmittelbar an der D 84 von Calacuccia zum Col de Verghio und nach Evisa; in der Serpentinenkurve Fer-à-Cheval ist ein geschotterter Parkplatz angelegt.
Einkehr: Hotel mit Bar bei der Skistation Col de Verghio.
Unterkunft: Refuge di i Mori, Selbstversorgerhütte mit Schlaflager und Trinkwasser, Gite d'Etape bei der Skistation Col de Verghio.
Tourist-Info: Keine.

 anspr.

 16 km

5¹/₂ Std.

 ↑ 825 m ↓ 825 m

Das obere Golo-Tal zählt zu einer der schönsten Bergkulissen Korsikas mit knorrigen Lariciokiefern, Grobblockhalden und dem malerischen Wildbach. Die Wanderung führt an den bizarren Gipfel des Pagloa Orba heran und erreicht den Col des Maures.

Der Wegverlauf

Unsere Wanderung beginnt bei der Haarnadelkurve, die bildlich **Fer-à-Cheval**, also Hufeisen, genannt wird (1329 m). Wir folgen zuerst dem von der Kurve nach Norden abgehenden Pfad abwärts bis zum Bachgraben des **Ruisseau de Catamalzi** und gelangen nach ei-

Die Almzeit endet im Niolu am 8. September mit dem dreitägigen Hirtenfest La Santa in Casamacciolu. Zuvor werden die Herden aus den Bergen ins Tal getrieben und später auf die Winterweiden ins Gebiet rund um Galéria und in der Balagne gebracht.

nem Gegenanstieg auf die Route des zum Col de Verghio verlaufenden GR 20. Noch immer spenden Birken und Lariciokiefern Schatten, während wir in einem Quergang bereits am Nordhang des Golotales der **Bergerie de Radule** zustreben. Knapp vor der Hütte weicht der geschlossene Wald zurück und der Weg führt über Steilstufen zur malerisch gelegenen Alm (25 Min.). Meist lagern hier Wanderer, die den GR 20 absolvieren und die Stille der Alm dem belebten Col de Verghio vorziehen. Wir durchqueren das Almgelände und wandern rund um einen Hangrücken dem immer enger werdenden Tal entgegen. Ein paar Minuten nach der Alm wechseln wir über einen einfachen Holzsteg auf die linke Seite des Golo und folgen der nun steiler ansteigenden Route durch ein Gewirr aus mächtigen Granitblöcken tal-

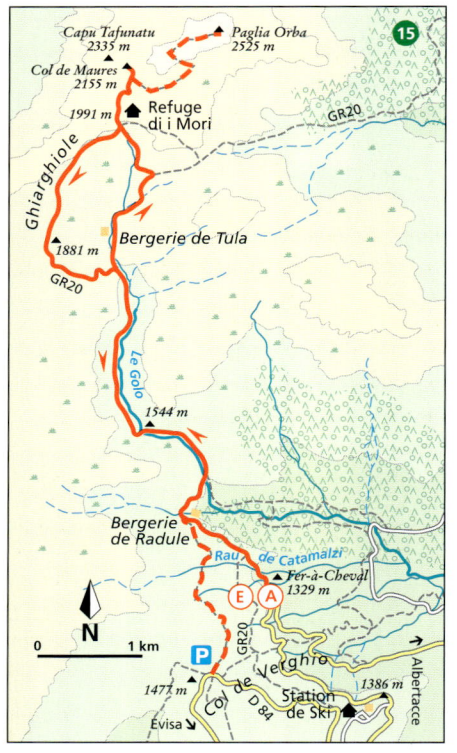

einwärts. Uralte windgepeitschte Lariciokiefern und umgestürzte Baumriesen verstärken den alpinen und wildromantischen Charakter dieser Talung. Nach einer Steilstufe (1544 m, 1 Std.), die mit großen, glatt geschliffenen Granitplatten endet, wechseln wir wieder auf das rechte Ufer. Hier bildet der Golo besonders schöne Felsgumpen aus, die mit kristallklarem Wasser wie natürliche Schwimmbecken wirken. Wir wandern nun schon oberhalb der Baumgrenze auf dem etwas flacher werdenden Pfad durch Grünerlengebüsche und Schuttfelder dem Talschluss entgegen. Nach einer halben Stunde ab der letzten Bachquerung kommen wir an die Abzweigung des GR 20 heran, der nach links den Steilhang hinaufführt (2 Std.). Hier werden wir später von der Refuge di i Mori absteigen. Vorerst bleiben wir auf dem Bachweg und gelangen sogleich zu den Ruinenresten der **Bergerie de Tula**, einer ehemaligen Alm. Der markierte Weg wechselt nun abermals auf das linke Ufer, wobei ausgetretene Steige auch den rechten Abhang hinaufziehen. Sie enden alle bei der **Refuge di i Mori**, die wir bereits hoch über uns zu Füßen der Felsflanken des Paglia Orba erkennen können und zu der wir noch gut 250 Höhenmeter überwinden müssen. Nach insgesamt drei Stunden Gehzeit ab dem Ausgangspunkt erreichen wir die Selbstversorgerhütte (1991 m), die den Wanderern des GR 20 als Unterstand dient, aber auch bei der Besteigung des **Paglia Orba**, dem »Korsischen Matterhorn« (rechts der Hütte, 2525 m) sowie des **Capu Tafunata**, dem Berg mit dem Loch (links der Hütte, 2335 m) als Übernachtungsplatz genutzt wird.

Wer von hier aus noch weiter in die Bergwelt vordringen will, kann dem steilen Steig folgen, der in etwa 30 Minuten zum **Col des Mau-**

15

res führt und fast ausschließlich über Schutthalden und Golbblock-halden verläuft. Der enge Felssattel, auf 2155 m gelegen, trennt den Capu Tafunata vom Paglia Orba. Wir treffen hier aber bereits auf hochalpine Wegverhältnisse, die Trittsicherheit und Schwindelfrei-heit erfordern. Die beiden Gipfel können nur mit Felskletterei be-zwungen werden, wobei die Route auf den Capu Tafunata dem drit-ten Schwierigkeitsgrad entspricht.

Zurück zur Hütte beginnen wir mit dem Abstieg und folgen dem GR 20 nach rechts. Dieser verläuft in einem weiten Bogen dem Wiesen-rücken **Ghiarghiole** entlang, wobei noch eine leichte Aufwärtspassa-ge zu bewältigen ist. Nach einiger Zeit blicken wir zurück auf die Hütte mit den beiden bizarren Bergstöcken im Hintergrund (3:30 Std.). Nach einem Sattel auf 1881 m führt die Route steil zum Golo-Fluss hinab und trifft auf die Aufstiegsroute. Wir folgen dieser nach rechts bis zur Bergerie de Radule (4:45 Std.). Nun bieten sich drei Varianten für den Rückweg zur D 84: Entweder der Steig, der hier abzweigt und zum Col de Verghio (1477 m) führt, oder der GR 20, der uns zur Skistation auf 1386 m bringt, oder wir kehren auf dem schon bekannten Steig zum Fer-à-Cheval zurück (die kürzeste Variante, 5:15 Std.). Zur Skistation und zur Gîte d'Etape müssen wir gut 20 Minuten mehr einplanen.

Die Gumpen im oberen Golo-Tal hat der Fluss aus dem Granit ausgewa-schen.

16

Monte Cinto

Auf das Dach der Insel: Lozzi – Refuge de l'Ercu –
Monte Cinto – Lozzi

Karte: C4

 anspr.

 10 km

 6 Std.

 ↑ 1107 m ↓ 1107 m

Tourencharakter: Alpine Gipfeltour im klassischen Sinn mit 1100 m Höhenunterschied; steiler Pfad mit Felspassagen, kleineren Kletterpartien und Querungen von Geröllfeldern.
Beste Jahreszeit: Mai, Juni, September–Mitte Oktober.
Ausgangs-/Endpunkt: Parkplatz Bergerie de Petra Pinzuta oberhalb von Lozzi auf 1600 m
Wanderkarte: Ign 4250 OT, M=1:25 000.
Markierung: Weiße und rote Farbtupfen, Steinmännchen.
Verkehrsanbindung: Über die D 84

durchs Golotal oder über den Col de Verghio nach Calacuccia, die Abzweigung nach Lozzi befindet sich am Westende des Dorfes (beschildert).
Einkehr: Buvette am Ausgangspunkt (nur im Sommer), Refuge de l'Ercu.
Unterkunft: Refuge de l'Ercu, kleines Hotel in Calacuccia.
Tourist-Info: In Calacuccia ist im Sommer an der D 84 am Ostrand des Ortes, Route de Cuccia, 20224 Calacuccia, Tel. 0495/48 05 22, Fax 0495/48 08 80.
Hinweis: Wanderer mit wenig Bergerfahrung sollten sich einer geführten Tour anschließen!

Die klassische hochalpine Gipfeltour führt auf den höchsten Berg der Insel, den 2706 m hohen Monte Cinto. Bizarre Gebirgslandschaften und traumhafte Aussichten entschädigen für den mühevollen Aufstieg, bei dem etwas mehr als 1100 Höhenmeter zu überwinden sind.

Von Haut Asco aus gesehen: die wildreiche Rückseite des Monte Cinto

Der Wegverlauf

Der Monte Cinto wird auch zu Recht als das Dach der Insel bezeichnet. Bei klarem Wetter eröffnet sich ein Rundblick, der zum unvergesslichen Erlebnis wird. Bei idea-

len atmosphärischen Bedingungen lassen sich in der Ferne sogar Elba und Sardinien ausmachen. Der Berg kann auf zwei markierten Wegen bestiegen werden, entweder über die schwierigere Nordflanke oder die einfachere Südseite.

Für den Aufstieg von der **Südseite** fahren wir zuerst von Calacuccia auf einer staubigen, 7,5 km langen Schotterstraße zum Ausgangspunkt der Wanderung an der **Bergerie de Petra Pinzuta** (1600 m). Dadurch verkürzt sich der Aufstieg auf etwa 3 Std.

Das erste Ziel der Wanderung ist nach 30 Minuten die **Refuge de l'Ercu** auf 1667 m. Dazu wandern wir in leichtem Auf und Ab über Grasmatten und Zwergstrauchheiden durch die bereits baumfreien Hänge. Später quert der Weg den erlenbestandenen Ercu-Bach. Hinter der Selbstversorgerhütte schwenken wir nach Nordwesten und folgen einer mit Steinmännchen und roten und weißen Farbtupfen markierten Route, die zunächst lange über ein Schuttkar führt. Nach einer guten Stunde wird das Gelände felsig und der Weg steigt über Blockhalden und Geröll durch den **Couloir de Bicarello** aufwärts (1:30 Std.). Dabei müssen wir bei kleineren, aber ungefährlichen Kletterstellen die Hände zu Hilfe nehmen. Das Gestein ist griffig und fällt durch ein reizvolles Farbenspiel der unterschiedlichen Materialien auf. Wer der Markierung exakt folgt, wird nicht an ausgesetzte Felsabsätze oder Kanten herankommen. Vorbei an einer kleinen Felsterrasse erreichen wir nach 3 bis 3:30 Std. den Gipfelgrat.

Der Abstieg erfolgt entweder über den Aufstiegsweg oder wir unternehmen einen sehr anspruchsvollen Abstecher zum malerischen **Cinto-See**, der unterhalb der **Punta Crucetta** in einer Felswanne liegt. Dazu folgen wir stets dem Grat bis zur Punta des Eboulis (2607 m) und weiter zur Punta Crucetta (2499 m). Von hier zieht ein felsiger Pfad steil zur Wanne des Lac du Cintu hinab (2289 m). Der Rückweg verläuft durch den Taleinschnitt des Ercu-Baches.

17 Dörferwanderung im Niolu

Zu den höchsten Dörfern des Niolu: Albertacce – Ravin de Viru – Calasima – Poggio di Lozzi – Albertacce   Karte: C4

mittel

13 km

5 Std.

↑ 525 m
↓ 525 m

Tourencharakter: Rundwanderung auf teils schattigen Wald- und teils schattenlosen Bergpfaden. Zwischen Calasima und Poggio di Lozzi kann der Weg ein wenig verwachsen sein, weshalb die Orientierung erschwert ist.
Beste Jahreszeit: April–Juni, Oktober.
Ausgangs-/Endpunkt: Albertacce (854 m).
Wanderkarte: Ign 4250 OT, M=1:25 000.
Markierung: Anfangs orange Markierungen des Weitwanderweges Mare a Mare Nord, später gelbe und orange Farbtupfen, ab und zu Wegweiser.

Verkehrsanbindung: Albertacce liegt an der D 84 von Ponte Leccia durch das Golotal nach Evisa/Porto; Parkplätze befinden sich am Ortsende entlang der Hauptstraße oder in der Ortsmitte beim Archäologischen Museum.
Einkehr: Bar in Calasima, Bars und Restaurant in Albertacce.
Unterkunft: Einfaches Hotel in Calacuccia, Gite d'Etape in Albertacce.
Tourist-Info: Calacuccia (nur Sommer), Tel. 0495/48 05 22, Fax 0495/48 08 80.

Die Wanderung führt oberhalb des Talbeckens des Niolu mit dem Calacuccia-Stausee zu den höchstgelegenen Bergdörfern Korsikas. Entlang der alten Saumpfade und Hirtenwege begegnen wir prähistorischen Fundstätten und genießen herrliche Ausblicke über das Niolu sowie auf die Bergwelt zu Füßen des Monte Cintu.

Der Wegverlauf

Als Niolu wird eine weite Beckenlandschaft im oberen Abschnitt des Golo-Tales bezeichnet, das zwischen den Gebirgen des Monte Cintu

17

In Albertacce hat man ein kleines **Archäologisches Museum** eingerichtet, das sich mit der Besiedelungsgeschichte des Niolu befasst. Früher hieß es nach den Ureinwohnern Musée de Licninoi. Zu sehen sind unter anderem Pfeilspitzen, Tongefäße, Steinwerkzeuge aus der Abri Albertini und ein rekonstruiertes Steinkistengrab. (Juni–Sept. tägl. 9:00–12:00 Uhr und 15:00–18:00 Uhr).

im Norden, des Paglia Orba im Westen und der Punta Artica im Süden eingebettet ist. In einer Natursteinhöhle am Westrand von Albertacce, der so genannten **Abri Albertini**, hat man prähistorische Fundstücke ausgegraben, die eine Besiedelung dieses Talbeckens bereits im 6. Jahrtausend vor Christus belegen.

Unsere Rundwanderung beginnt am westlichen Ortsende von **Albertacce** (860 m), wo der Weitwanderweg Mare a Mare Nord vom Calacuccia-Stausee herauf kommt und die D 84 überquert. Wir steigen über Steinstufen die Straßenböschung hinauf und wandern durch die letzten Weideflächen und verwilderten Gärten von Albertacce. Sofort taucht unmittelbar in Blickrichtung vor uns zwischen den Olivenbäumen der markante Gipfel des Paglia Orba auf. Gleich nach einer Steinmauer stoßen wir auf die eindrucksvollen Felsblöcke des Abri Albertini, der prähistorischen Fundstätte, die jedoch heute teilweise als Unterstand für das Vieh genutzt wird. Die Fundgegenstände werden im kleinen archäologischen Museum von Albertacce ausgestellt.

Nach 15 Minuten biegt der steinige Weg abwärts ins Tal des **Viru-Flusses** ein, während rechts vor uns der markante Gipfel des **Monte Albanu** die Szenerie beherrscht. Im romantischen Flusstal, das mit einem dichten Saum aus Nussbäumen, Erlen und Macchiengebüschen bewachsen ist, stoßen wir auf die alte Steinbogenbrücke **Pont de Mu-**

Wegweiser markieren die Weitwanderrouten wie hier bei Albertacce.

17

ricciolu, die über das türkisblaue Wasser des Viru auf das andere Ufer geleitet. Dort nutzte einst eine Mühle die Wasserkraft des Wildbaches, heute ist davon noch eine Steinruine erhalten geblieben. Das teilweise schattige, aber sehr romantische Gelände rund um Brücke und Mühle eignet sich besonders gut für eine Rast, wobei man in den tiefen Felsbecken des Viru baden kann.

Anschließend zieht der Weg ein wenig steiler werdend in den bewaldeten Hang hinein und steigt in mehreren Serpentinen aufwärts. Wir

gewinnen rasch an Höhe und steuern auf die Kuppe **Capizzolu** zu, die am Nordrand einer Bachschlinge des Viru umlaufen wird. Durch lockeren Kiefernwald geht es bald wieder an das Virutal heran, das nun schon einige Dutzend Meter unter uns liegt. Wir erreichen eine Weggabelung, wo nach links ein Pfad zur D 84 abzweigt. Wir halten uns geradeaus und stoßen nach weiteren 15 Minuten auf eine neuerliche Abzweigung (1 Std.). Hier verlassen wir nun den Mare a Mare Nord, der weiter zum Col de Verghio verläuft, und biegen nach rechts auf einen steil zum Virutal abwärts führenden Steig ab. Nach der Querung des **Ravin di e Furnacce** gelangen wir wieder unmittelbar an den Viru heran, der sich hier bereits schluchtartig

Das pittores-ke Albertacce lädt am Ende der Wande-rung zu einer Erfrischung.

eingetieft hat. Ein Eisensteg führt über den blau schimmernden Wildbach aufs andere Ufer, wo unser Weg nun durch trockene Macchien-hänge ansteigt und bald die unteren Feldterrassen von **Calasima** (1015 m) erreicht. Die hier etwas undeutlich werdende Route steigt entlang von Wirtschaftswegen in den Ort hinauf bis zur Hauptstraße (2 Std.).

Wir durchqueren das höchst gelegene Dorf Korsikas auf der Asphalt-straße, um am nördlichen Ortsende nach dem Friedhof bei einer markanten Rechtskurve dem Wegweiser »Lozzi 2h30« auf einen alten Hirtenpfad zu folgen. Der nun folgende Anstieg durch offenes Macchien- und Weidegelände gestaltet sich ein wenig mühsam, vor allem, wenn die Hitze des Tages zugenommen hat. Zusätzlich ist der Wegverlauf immer wieder von Macchien-Sträuchern überwuchert oder spaltet sich in parallele Routen auf, sodass die Orientierung ein

17

wenig erschwert ist. Es empfiehlt sich, stets vorausschauend die orangen Markierungspunkte anzuvisieren. Hat man die Trasse verloren, sollte man zum letzten Markierungspunkt zurückgehen und neuerlich nach dem Weg suchen. Wir steigen 45 Minuten und etwa 250 Höhenmeter an, bis wir an den Einschnitt des Hochtales des **Ruisseau de Fiuminasca** herankommen. Hier zwingt uns ein Weidezaun ein wenig nach unten von der Route abzuweichen, wobei wir morastige Stellen überwinden müssen. Anschließend führt ein wiederum deutlicherer Pfad durch eine Rinderweide auf den Sattel nördlich des Schuttberges **Capigliolu a e Furchelle** (1390 m, 3 Std.). Nun haben wir den Anstieg hinter uns und genießen den Panoramablick über das Niolu. Unter uns breitet sich der Stausee aus, an seinen Ufern drängen sich die Bergdörfer, dahinter riegelt die Bergkette des Capo di a Candela das Becken ab.

Wir beginnen nun den Abstieg in Richtung Lozzi und queren zuerst den macchienbewachsenen Hang in östlicher Richtung. Der Hirtensteig wandelt sich bald zu einem Hohlweg, der parallel zu einer Steinmauer auf eine breitere Fahrstraße zuläuft. Wir biegen auf diese nach rechts ein, denn der Wandersteig kann auch hier verwachsen sein. Die Fahrstraße lässt den Abstieg ein wenig bequemer werden und führt mit einer weiten Haarnadelkurve zu einem Kastanienwäldchen rund um eine Bergerie oberhalb von Poggio. Wir bleiben am Fahrweg, umlaufen ein eingezäuntes Weidegebiet und kommen am Rande eines weiteren Kastanienwaldes wieder an den Hauptweg heran. Dieser bringt uns durch terrassiertes Kulturgelände ins Bergdorf **Poggio di Lozzi** (1029 m, 4:15 Std.).

Wir müssen nun gut einen Kilometer auf der Asphaltstraße D 518 zurücklegen, die den Ort durchquert und sogleich nach Westen schwenkt. Nach ein paar hundert Metern ab der Kurve weist ein kleines Schild nach links auf einen Steig, der bei zwei Steinhäusern nach rechts wendet und durch teilweise verwildertes Gelände nach Albertacce hinab führt. Dieser Pfad mündet knapp vor der Hauptstraße in eine asphaltierte Hofzufahrt, auf die wir nach rechts einbiegen und zur D 84 hinablaufen. Die letzte kurze Wegstrecke bis zum Ausgangspunkt legen wir auf der Fahrstraße zurück. Wir durchqueren das liebliche Bergdorf Albertacce, kommen an der Gite d'Etappe, an einer gemütlichen Bar und am Archäologischen Museum vorbei, ehe die Wanderung nach knapp 5 Std. Gehzeit am westlichen Ortsrand von Albertacce endet.

18 Durch den Forêt d'Aitone

Zum Col de Cuccavera: Evisa – Piscine Naturelle – Forêt d'Aitone –
Bocca a u Saltu – Evisa   Karte: B4

 anspr.

 18 km

 7 Std.

 ↑ 625 m ↓ 625 m

Tourencharakter: Abwechslungsreiche Strecken- und Rundwanderung auf schattigen Waldwegen, Forststraßen und Bergpfaden; Bademöglichkeit in der Piscine Naturelle.
Beste Jahreszeit: April–Juli, September, Oktober.
Ausgangs-/Endpunkt: Evisa (850 m).
Wanderkarte: Ign 4150 OT, M=1:25 000.
Markierung: Orange (beide Wege), Wegweiser in den Ortschaften.
Verkehrsanbindung: Von Porto über die D 84 bis Evisa (25 km), von Corte oder Ponte Leccia auf der N 193 nach Francardo und über die D 84 durch das

Niolu nach Evisa; im Sommer besteht eine private Busverbindung.
Einkehr: Bar de Chasseurs, Chez Felix Ceccaldi in Ota, Pizzeria-Restaurant U Pozzu, Bar de la Poste, Auberge L'Acciola in Evisa.
Unterkunft: 5 Hotels in Evisa wie Hotel d'Aitone mit vorzüglichem Restaurant (Tel. 0495/26 20 04) oder Hotel Chataigneraie (Tel. 0495/26 24 47); Hotel in Ota (Gîte d'Etape); Camping l'Acciola in Evisa.
Tourist-Info: Maison Forestière in Evisa (Tel. 0495/26 20 65); Maison d'Information im Feriendorf Aitone (Paesolo d'Aitone, nur im Sommer).

Vom beliebten Urlaubsort Evisa gehen zahlreiche Wanderrouten aus, wie zum Beispiel zum Naturschwimmbad Piscine Naturelle im Aitone-Wald, die Hauptattraktion dieses Talkessels. Von dort steigen wir auf abwechslungsreichen Wegen zu den Sätteln Bocca a u Saltu und später zum Col de Cuccavera in die ursprüngliche Landschaft des Forêt de Lindinosa auf.

Der Kastanienweg bei Evisa diente einst als Hauptverkehrsroute.

Der Wegverlauf

Evisa gilt als ein beliebter und wunderschön gelegener Urlaubsort an der Westküste Korsikas oberhalb des Golfes von Porto, der auch im Sommer auf ein äußerst angenehmes Klima verweisen kann. Hier starten mehrere Wanderrouten, zum Beispiel in die bekannte Spelunca-Schlucht, aber auch

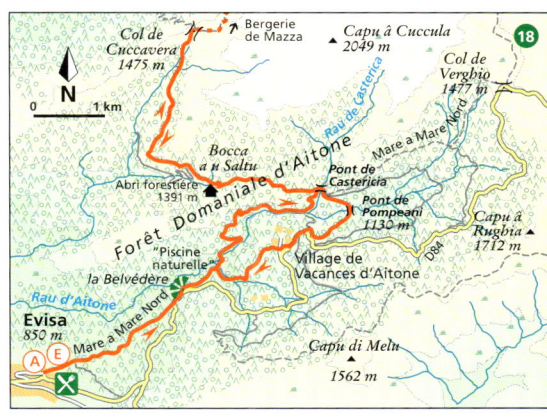

zum Aitone-Wald, von dem aus Wege in das nördlich anschließende Aitone-Gebirge bzw. in den Forêt de Lindinosa führen. Der **Forêt d'Aitone** zählt mit Recht zu den schönsten Wäldern Korsikas. Er erstreckt sich vom Col de Verghio (1477 m) bis nach Evisa und nimmt 1674 Hektar des insgesamt 5000 Hektar großen Talkessels ein. Neben den immergrünen Laricio-Kiefern, Strandkiefern und Tannen kommen auch größere Buchen- und Birkenwälder vor, die die Bereiche rund um den Pass bevorzugen. Bereits im 16. Jh. erkannten die Genueser den Holzreichtum und die Vielfalt an Baumarten, die sie zum Schiffsbau, zur Harzgewinnung und zur Terpentinherstellung nutzten. Heute führen schattige Wald- und Wanderwege durch den Talkessel, in dem im Winter sogar Loipen zum Langlaufen angelegt werden.

Wir starten von **Evisa** (850 m) aus zum Waldkessel und durchqueren zuerst den herrlichen Kastanienhain, für den dieser Ort bekannt ist. Unsere Route verläuft vorerst auf dem Weitwanderweg »Mare a Mare Nord«, der nach Evisa und weiter nach Cargèse führt. Wir folgen etwa in der Mitte des Örtchens einer Betonrampe in nördlicher Richtung aus dem Dorf (→ **Wegweiser**) und schwenken nach rechts auf den Fahrweg zum Kastanienhain ein. Begleitet von Schweine- und Ziegenställen steuern wir auf eine Weggabelung zu, bei der wir nach links auf einen von einer Steinmauer gesäumten Fahrweg einbiegen. Wir durchlaufen einen Bachgraben, um anschließend auf einem breiten Wanderpfad zum Teil über gemauerte Treppen durch Kiefernwald aufwärts zu steigen. Nach 45 Minuten treffen wir auf die Fahr-

18

straße zum Col de Verghio (D 84), der wir 300 Meter folgen. Beim Wegweiser »Piscine naturelle« biegen wir auf einen Waldweg ein, der uns oberhalb der Schlucht des Aitone-Flusses zuerst zu einem Aussichtspunkt (Belvédère) bringt. Von einem Steinbalkon etwas abseits des Weges genießen wir den freien Blick über die obere Spelunca-Schlucht und auf das Örtchen Evisa, das hoch über dem Golf von Porto aus dem Kastanienwald leuchtet. Nach weiteren 10 Minuten erreichen wir einen Picknickplatz, der sich oberhalb der **Piscine naturelle** befindet (1 Std.).

Der Naturbadeplatz am Oberlauf des Aitone besteht aus einem 30x5 m großen Steinbecken, das wie ein natürliches Schwimmbad aussieht. Zu allem Überfluss fällt der Wildbach noch mit einer kleinen Kaskade ins Becken hinein und macht diesen Ort zu einem paradiesischen Rastplatz.

Wir benutzen knapp oberhalb der Becken die Hängebrücke, um ans andere Ufer zu gelangen. Dort folgen wir weiterhin dem orange markierten Weitwanderweg durch etwas unübersichtliche Hänge aufwärts und müssen teilweise Schuttfelder und Grobblockhalden überqueren. Der Weg ist aber stets gut trassiert und mit ein wenig Trittsicherheit problemlos begehbar. Nach einigem Auf und Ab treffen wir nach 45 Minuten am nördlichen Talhang bei der Pont de Castericia auf die Fahrstraße zum **Bocca a u Saltu**, der wir nach links steil aufwärts folgen (1:45 Std.). Die Straße führt in luftigeres Gelände hinein und erreicht nach 30 Minuten den Sattel mit der Schutzhütte (Abri forestière, 1391 m, 2:15 Std.). Weiter der Fahrstraße folgend, haben wir wenige Minuten nach dem Sattel in einer Serpentine die Wahl zwischen dem Forstweg und einem Steig, der durch die Hänge des Capu a Cuccula zum Col de Cuccavera führt. Die Landschaft beeindruckt hier mit mächtigen Laricio-Kiefern, die aus dem kargen, aus Granitbuckeln bestehenden Gelände ragen. Nach einer halben Stunde wird ab der Querung eines Seitenbaches der Weg undeutlicher und wir orientieren uns an den Steinmänn-

Tipp

Durch den Aitone-Wald führt die »Promenade de la Sitelle«, einer der sieben Naturlehrpfade, die von der Forstverwaltung auf Korsika eingerichtet wurden. Der Weg beginnt am Parkplatz oberhalb des Village de Vacances und verläuft entlang der Route des Condamnés. 'Sitelle' bezeichnet im Französischen den Korsenkleiber, dem dieser Weg gewidmet ist. Die flinken Vögel, die ausschließlich in den Nadelwäldern zwischen 800 und 1800 m Seehöhe vorkommen, ernähren sich im Sommer von Insekten und im Winter von Kiefernsamen, die sie aus den Zapfen lösen.

Variante: Wer viel Kondition mitbringt, kann vom Col de Cuccavera aus vorbei an der Hütte **Bergerie de Mazza** zum **Bocca di Guagnerola** wandern und die Tour über den **Col de Verghio** zu einer Rundwanderung ausbauen, die insgesamt 10 Stunden reine Gehzeit in Anspruch nimmt und einen Höhenunterschied von 1175 m aufweist. Durch die Übernachtung in der **Refuge de Puscaghia** nach dem Bocca di Guagnerola lässt sich die Tour in zwei Tagen absolvieren.

18

chen, die über große, zum Teil rutschige Felsplatten leiten (2:45 Std.). Nach gut einer Stunde ab dem Bocca a u Saltu beginnt der Weg bei einem markanten Felsblock wieder deutlicher zu werden und mündet nach einem weiteren Bachlauf in die Fahrstraße, von der wir zuvor abgebogen sind (3:15 Std.). Die letzte Strecke bis zum Sattel **Col de Cuccavera** (1475 m) legen wir auf dieser Schotterstraße zurück (3:30 Std.).

Wir wandern über denselben Weg bis zur Pont de Casterica im Aitone-Wald zurück, wobei wir zwischen Col de Cuccavera und Bocca a u Saltu wiederum den Steig wählen. Die Forststraße ist zwar bequemer zu begehen, jedoch um ein gutes Stück länger. Bei der Pont de Castericia bleiben wir nun auf dem Fahrweg und steigen über diesen bis zur **Pont de Pompeani** (1130 m) ab (5 Std.). Den von links einmündenden Weitwanderweg Mare a Mare Nord sowie einen ebenfalls nach links abzweigenden Forstweg beachten wir nicht. Bei der Pont de Pompeani, wo ein Picknickplatz eingerichtet ist, bleiben wir auf dem Forstweg, der nun beinahe eben an die D 84 heranführt (5:30 Std.). Hier wechseln wir auf einen Waldsteig, der zum Village de Vacanves d'Aitone hinabführt und dieses durchquert. Westlich des Dorfes beginnt ein weiterer Steig, der uns durch dichten Kiefernwald zur Piscine Naturelle bringt (6 Std.). Nach Evisa benutzen wir wieder die Route des Weitwanderweges Mare a Mare Nord, der beim Forstweg oberhalb des Steinbeckens von rechts her einmündet (7 Std.).

Der Forêt d'Aitone zählt zu den vielfältigsten Wäldern Korsikas.

19

Durch die Spelunca-Schlucht

Von Ota nach Evisa und in die Forêt d'Aitone: Evisa – Spelunca-Schlucht
– Pont de Zaglia – Ponte Vecchiu – Ota   Karte: B4

mittel

9 km

2¾ Std.

↑ 121 m
↓ 667 m

ja

Tourencharakter: Einfache Strecken-wanderung auf gepflasterten Saum-pfaden und schattigen Waldwegen; nur der Abstieg in die Schlucht enthält Steil-passagen; Bademöglichkeit an der Pont de Zaglia und Ponte Vecchiu.
Beste Jahreszeit: April–Juli, September, Oktober.
Ausgangspunkt: Evisa (850 m).
Endpunkt: Ota (340 m).
Wanderkarte: Ign 4150 OT, M=1:25 000.
Markierung: Orange (beide Wege), Wegweiser in den Ortschaften.
Verkehrsanbindung: Von Porto über die D 84 bis Evisa (25 km), von Corte oder Ponte Leccia auf der N 193 nach Fran-cardo und über die D 84 durch das

Niolu nach Evisa. Im Sommer besteht eine private Busverbindung Evisa-Vico-Ajaccio (Autocars R. Ceccaldi Tel. 0495/21 38 06), nach Ota/Porto keine Busverbindungen.
Einkehr: Bar de Chasseurs, Chez Felix Ceccaldi in Ota, Pizzeria-Restaurant U Pozzu, Bar de la Poste, Auberge l'Acciola in Evisa.
Unterkunft: 5 Hotels in Evisa wie Hotel d'Aitone mit vorzüglichem Restaurant (Tel. 0495/26 20 04) oder Hotel Chataig-neraie (Tel. 0495/26 24 47); Hotel in Ota (Gîte d'Etape); Camping l'Acciola in Evi-sa.
Tourist-Info: Maison Forestière in Evisa Tel. 0495/26 20 65.

Die wilde Spelunca-Schlucht zwischen Evisa und Ota an der West-küste Korsikas gehört zu den bizarrsten Tallandschaften der Insel, die über einen alten Saumpfad zugänglich sind. In der Schlucht deutet die alte Bogenbrücke Pont de Zaglia an, dass es sich bei diesem Weg um einen uralten Verbindungsweg handelt.

Der Wegverlauf

Die faszinierende Spelunca-Schlucht mit den beiden alten genuesi-schen Bogenbrücken zählt zu den bekanntesten Touristenattraktio-nen Korsikas und wird deshalb im Sommer stark frequentiert.
Der alte Saumpfad beginnt am westlichen Ortsrand von **Evisa** (850 m) unmittelbar beim Friedhof, wo ein Verkehrsschild auf den

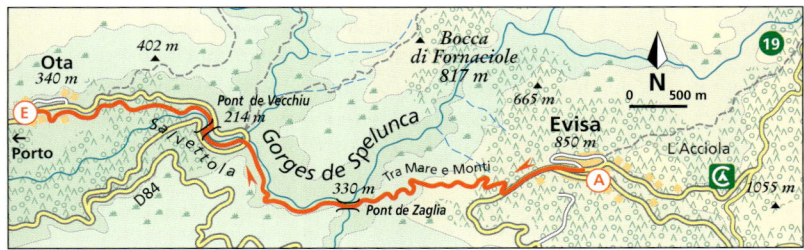

19

Die Pont de Zaglia in der Spelunca-Schlucht

Einstieg hinweist. Wir bewältigen zuerst den über zahllose Serpentinen verlaufenden Abstieg in die Schlucht, wobei 520 Höhenmeter zu überwinden sind. Nach einer Stunde erreichen wir unmittelbar bei der Genueser Bogenbrücke **Pont de Zaglia** (330 m) den schattigen Talboden mit dem Ruisseau d'Aitone.

Der weitere Weg nach Ota führt zuerst auf der Pont de Zaglia über den Tavulella-Bach und steigt anschließend über eine Geländestufe vom Talboden w⸱ ⸱. Wir queren schroffe Hänge und folgen dem Saumpfad h⸱⸱⸱ ⸱⸱⸱dem tosenden Fluss. Nach etwa 40 Minuten ab der Po⸱⸱⸱ ⸱⸱t sich der Weg wieder zum Bach hin und m⸱⸱ ⸱⸱e, die Evisa mit Ota verbindet (1:45 Std). ⸱⸱⸱ und einigen Rodungsflächen setzen wir ⸱⸱r des Flusses bis zur zweiten alten Bo⸱⸱⸱ (214 m), fort. Das kühne Bauwerk ⸱⸱tern Höhe, darunter sind tiefe, tür⸱⸱⸱ ⸱⸱berqueren den Fluss, um am nörd⸱⸱⸱ ⸱⸱⸱nitt der Wanderung nach Ota zu begin ne⸱ ⸱⸱⸱ ⸱⸱ ⸱ einen Gegenanstieg von 140 Höhenmetern abso⸱ ⸱urch Kastanienwald, Olivenhaine und baumlose Kultu⸱ ⸱⸱⸱ ⸱⸱ führt. Nach 2:45 Stunden Gehzeit erreichen wir **Ota** (340 m, auf einem schmalen Feldweg, der bei der **Bar de Chasseurs** in eine Dorfstraße mündet. Auf dieser wandern wir durch das sich an die Hänge anschmiegende Dörfchen bis zur Hauptstraße, wo unsere Wanderung endet.

20 Im Felsengarten der Calanche

Über den Sentier Muletiers zum Capu d'Ortu: Tête au Chien – Capu d'Ortu – Sentier Muletiers – Tête au Chien
Karte: B4

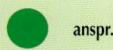
● anspr.

15 km

6¹/₂ Std.

↑ 910 m
↓ 910 m

Tourencharakter: Mittelschwere, zum Teil steile und unbequeme Wanderpfade bis zum Gipfel, der Rückweg führt über den als Saumpfad befestigten Sentier des Muletiers; Trittsicherheit ist angesichts der Felspassagen von Vorteil.
Beste Jahreszeit: Frühjahr und Herbst, Wanderungen sind jedoch das gesamte Jahr möglich.
Ausgangs-/Endpunkt: Parkplatz beim Tête de Chien (380 m).
Wanderkarte: Ign 4151 OT, ign 4150 OT, jeweils M=1:25 000.
Markierung: Grüne, rote und blaue Farbpunkte, Informationstafeln stehen jeweils am Beginn der Wanderrouten, unterwegs moderne Wegweiser.

Verkehrsanbindung: Von Porto oder Cargèse über die D 81 (Verbindung Ajaccio – Calvi), die sich langatmig der Küste entlangschlängelt zur Calanche; im Sommer besteht an den Wochenenden eine Busverbindung von Ajaccio nach Porto mit Haltestelle an den Roches Bleues.
Einkehr: Buvette an der Calanche-Straße bei den Roches Bleues, Restaurants und Bars in Porto und Piana.
Unterkunft: Hotels in Piana (bis 4 Sterne) und Porto; große Campingplätze in Porto.
Tourist-Info: Office de Tourisme im Hôtel de Ville, 20115 Piana, Tel. 0495/27 84 42, Fax 0495/27 82 72.

Bizarre Formen im Felsengarten der Calanche.

Die Calanche stellt eine der herausragendsten und meist besuchten Küstenlandschaften im Westen Korsikas dar. Wir erkunden den wildreichen Felsengarten mit dem rot gefärbten Gestein und den bizarren Tafoniskulpturen entlang des alten Saumpfades Sentier de Muletiers und besteigen den Capu d'Ortu, den höchsten Gipfel dieses Gebirges.

Der Wegverlauf

»Zwischen dem romantischen Hafenort Porto und dem pittoresken Bergdörfchen Piana zelebriert die Natur eine ihrer schönsten Seiten«, ist in einer Beschreibung Korsikas zu lesen. Diese Steilküste erstrahlt vor allem in den Abendstunden am schönsten, wenn die tief stehende Sonne das Rot der Felsen in unglaubliche Farbtöne taucht und zusammen mit Wolken oder Nebelschleier beinahe unwirkliche Bilder entstehen lässt. Weil die Gegend von der Straße aus hervorragend einsehbar

ist, entkommt der Wanderer untertags nur sehr schwer den Autotou-
risten. Wie so oft bieten auch hier die Wanderrouten die Möglichkeit, den Felsengarten in Ruhe und Abgeschiedenheit zu erleben.
Die Rundwanderung beginnt am Parkplatz der D 81 vier Kilometer
westlich von Porto, wo oberhalb einer Spitzkehre ein auffälliger Tafo-

nifelsen aus dem Grün der Strandkiefern
ragt. Er wird wegen der kopfartigen Form
»**Tête du Chien**« (Hundekopf) genannt.
Eine Informationstafel samt Lageplan gibt
hier über die Wandermöglichkeiten Aus-
kunft. Wir folgen zuerst der Fahrstraße
200 Meter in Richtung Piana aufwärts, um
nach links auf den **Chemin de la Corniche**

> **Tipp**
>
> Die auffälligsten Naturgebilde der
> Calanche sind die **Tafoni-Felsen**. Nir-
> gendwo auf Korsika wird man bizarre-
> re und phantasievollere Formen finden
> als hier. Dazu gehören der Hunde-
> kopf, der Steinlöwe oder die herzför-
> mige Ausnehmung, die von der
> D 81 etwa auf halber Strecke westsei-
> tig zu sehen ist.

abzubiegen. Dieser Waldpfad führt steil durch das Unterholz auf eine Klippe der Calanche, um nach 20 Minuten Aufstieg ebenso steil
zu den Roches Bleues an der D 81 abzusteigen (35 Min.). Hier empfängt uns ein Chalet, das einen herrlichen Einblick in die Felsenland-
schaft rund um die Anse de Dardo gewährt. Dieser mühevolle Weg
lässt sich abkürzen, wenn wir die 500 Meter lange Strecke bis zum
Chalet auf der Fahrstraße zurücklegen. Gegenüber der Restauration
beginnt bei einem Trinkbrunnen der beschilderte Aufstieg zum Capu
d'Ortu.
Wir steigen durch den mit Macchie und Kiefern durchsetzten Steilhang etwa 25 Minuten aufwärts, bis der Weg in den Nordhang eines
Seitentales hineinführt (1 Std.). Plötzlich ist nichts mehr vom Ver-
kehrslärm der Calanche-Straße zu hören und die Stille dieser bizarren Bergwelt setzt sich durch. Linker Hand ragen die Tafoniplastiken
der **Palani-Felsen** aus dem grünen Saum des Waldes. Nach weiteren
15 Minuten stoßen wir nach einer Steilstufe auf eine Weggabelung,

20

bei der nach links die Wege zum so genannten »Kastanienwäldchen«, zur Quelle Fontaine d'Oliva Bona (von hier 25 Min.) und zum Capu d'Ortu abgehen (1:15 Std.). Nach einer schattigen Wegpassage erreichen wir eine weitere Abzweigung, bei der nun der rot markierte Weg zur Quelle abgeht. Wir halten uns links, orientieren uns an den orange-grünen Farbpunkten und beginnen den Aufstieg zunächst zur Bocca Larga. Auf der rechten Seite ist die Skulptur des **Rocher Lion** sehr nahe ins Bild gerückt, die einem versteinerten

Löwen gleicht. Nach einer Stunde ab der Abzweigung erreichen wir den Sattel **Bocca di Piazza Moninca** auf 947 m (2 Std.), wo ein Steig nach rechts in Richtung Piana abzweigt. Bis zum Gipfel benötigen wir von hier aus noch ungefähr 75 Minuten, wobei wir zuerst durch Baumerikagebüsch, später aber über Felsplatten und einem Couloir entlang wandern. Bei 1174 m (3 Std.) schwenkt der Steig auf den Grat, der zum lang gestreckten Gipfel hinzieht und die-

Der Tête du Chien gehört zu den bekanntesten Formationen der Calanche.

sen bei 1294 m erreicht. Der Capu d'Ortu bietet bei klarem Wetter eine phantastische Aussicht auf das Hinterland der Calanche, die Bucht um Porto sowie die Spelunca-Schlucht (3:15 Std.).

Für den Rückweg wählen wir ab dem Sattel **Piazza Moninca** den Pfad (4:15 Std.), der in zahlreichen, beinahe endlos wirkenden Serpentinen zum Flusstal des **Riusseau de Piazza Moninca** absteigt (5 Std.). Am Fluss entlang wandern wir dem Fußballplatz von Piana entgegen, wo knapp davor bei einem modernen Wegweiser der **Sentier de Muletiers** nach rechts abzweigt (5:30 Std.).

Wir steigen aus dem bewaldeten Tal wieder der kargen Felslandschaft entgegen. Einst bot der kühne Weg die einzige Möglichkeit, von Piana nach Porto und weiter durch die Spelunca-Schlucht nach Evisa zu kommen. Wir queren die verschwiegene, mit Kugelpolstern und einigen Stauden bewachsene Heidelandschaft und nähern uns der steilen Westseite. Der mittlerweile restaurierte Pfad nimmt an Luftigkeit zu und gewährt atemberaubende Tiefblicke auf die Felstürme der Calanche und auf die Klippe des **Capu-Ghineparu** (515 m). Wir wandern 15 Minuten auf der kühn angelegten Trasse, ehe diese

20

bei einem großen Felsblock jäh endet und über zahlreiche Serpentinen und Steinstufen zur D 81 hinabführt (6 Std). Wir erreichen die
Calanche-Straße rechts der Marienstatue Immaculata und kehren auf
dieser nach rechts 1100 Meter bis zum Parkplatz am Tête de Chien
zurück (6:30 Std).

Abstecher: Zum Château Fort

Wer nicht die große Tour unternehmen möchte oder nach der Wanderung von der Calanche noch nicht genug hat, kann vom Parkplatz
noch eine 70-minütige Tour (hin und zurück) zum **Château Fort** unternehmen. Der viel begangene und blau markierte Pfad beginnt
rechts des Hundekopfes und führt durch Strandkiefernwald zu einem
westlichen Ausläufer. Nach einer kleinen Abflachung tritt der Wald
zurück und der Weg schlängelt sich durch schroffe Felsen mehr oder
weniger am Grat entlang. Dennoch ist diese Route völlig ungefährlich
und niemals den tiefen Abhängen ausgesetzt, die mehr als 300 Meter
ins tosende Meer stürzen. Der Wanderpfad kann aber ebensowenig
als bequem bezeichnet werden, da immer wieder steilere Geländestufen und größere Felsen zu überwinden sind. Nach 30 Minuten erreichen wir den mächtigen Felsen des Château Fort (332 m), von dessen Plateau wir auf den Golf von Porto und die Anse de Dardo sehen.
Wir kehren am selben Weg zum Parkplatz zurück, wobei wir etwa
100 Höhenmeter gewinnen und zirka 40 Minuten benötigen.

*Einzige
menschliche
Bastion im
Felsengarten:
das Restau-
rant Roches
Bleues*

21 Nach Girolata

Einsame Küstenwanderung: Col de Palmarella – Punta di a Literniccia
führt – Girolata – Col de Palmarella   Karte: B4

 mittel

 15 km

 6 Std.

 ↑ 785 m ↓ 641 m

Tourencharakter: Rundwanderung auf der südlichen Scandola-Halbinsel, die über Macchienpfade und Bergsteige ins abgelegene Fischerdörfchen von Girolata führt. Bademöglichkeit am Sandstrand von Girolata.
Beste Jahreszeit: April, Mai, September, Oktober.
Ausgangs-/Endpunkt: Col de Palmarella (408 m).
Wanderkarte: Ign 4150 OT, M=1:25 000.
Markierung: Orange Farbpunkte und Steinmännchen bis Girolata, entlang des Weitwanderweges Tra Mare e Monti orange Farbbänder und Wegweiser.

Verkehrsanbindung: Der Col de Palmarella liegt an der D 81 Calvi – Porto (ca. 32 km von Calvi, 13 km von Galéria, 35 km von Porto), eine der kurvigsten Küstenstraßen Korsikas.
Einkehr: Bars und Restaurants in Girolata (alle rund um den Hafen gelegen), im Sommer Imbissbude am Col de Palmarella.
Unterkunft: Gîte d'Etape in Girolata.
Tourist-Info: Office de Tourisme Porto, La Marine, Tel. 0495/26 10 55, Fax 0495/26 14 25.

Die reizvolle und einsame Rundwanderung führt uns durch einen der unberührtesten Abschnitte der Westküste Korsikas mit herrlichen Ausblicken auf die unter Naturschutz stehende Halbinsel Scandola in das abgelegene Fischerdörfchen Girolata mit dem genuesischen Wachturm.

Die Bucht von Girolata entpuppt sich als traumhafter Naturhafen mit feinem Sandstrand.

Der Wegverlauf

Das reizvolle und malerisch in einer Bucht gelegene Fischerdörfchen Girolata gehört zu den Geheimtipps Korsikas. Täglich kommen Ausflugsschiffe aus Calvi und Porto, um Urlauber in den Naturhafen zu bringen. Der Ort besitzt auch heute noch keine Zufahrtsstraße und kann vom Land aus nur über Bergpfade erreicht werden, die zumindest eineinhalb bis zwei Stunden Anmarsch erfordern. Deshalb konnte Girolata seine Ursprünglichkeit weitgehend erhalten, wenngleich sich der Tourismus in jüngster Zeit stärker bemerkbar macht. Doch nachmittags, wenn die letzten Boote das Dorf verlassen haben, kehrt die Stille zurück, die die abgelegene Bucht mit dem türkisblauen Wasser auszeichnet.

Die Rundwanderung folgt fast zur Gänze dem Weitwanderweg Tra Mare e Monti, der von Galéria im Norden kommend nach Girolata

21

führt, um südlich der Bucht wieder ins Küstengebirge zur Punta di u Tartave anzusteigen. Vom Col de Palmarella (408 m, Hinweisschild) geht ein Zubringersteig aus, der am Grat eines macchienbewachsenen Hangrückens in 45 Minuten zur 758 m hohen **Punta di a Literniccia** ansteigt. Wenn wir dieses schattenlose Wegstück früh am Morgen zurücklegen, wirkt sich die Hitze noch nicht allzu sehr aus. Auf der Kuppe treffen wir auf den Tra Mare e Monti und schwenken nach links auf den orange markierten Weitwanderweg ein. Der nach

Westen hin verlaufende Bergkamm bietet nun traumhafte Ausblicke, die von den nördlichen und südlichen Küstenabschnitten mit den Caps von Scandola, Senino und Capu Rosso bis zur Bergwelt rund um Paglia Orba und Monte Cinto reichen. Der Steig führt hier zwischen knorrigen Steineichen hindurch, während der Bergrücken

nach Süden schroff abbricht und tief unten die Bucht von Girolata erkennen lässt (1 Std.). Nach einer Weile verlassen wir den Grat und steigen durch den Nordhang abwärts. Dichter Macchienbewuchs umgibt den Steig, der auf einen deutlich flacheren Weideplatz zusteuert (602 m, 1:30 Std.) und auf diesem nach links schwenkt. Wir halten wiederum auf den Grat zu und erreichen nach etwa einer Stunde ab der Punta di a Literniccia den Dreschplatz am Sattel des **Bocca di Fuata** (458 m, 2 Std.).

Jetzt wechseln wir in den Südhang des Capu Licchia und steigen durch dichtes Macchiengebüsch, das bald durch Steineichenwald abgelöst wird, mit gleichmäßigem Gefälle abwärts. Nach einer Stunde ab dem Sattel und einer weit ausladenden S-Kurve kommen wir an das Cavone-Tal heran, in dem das rötliche Gestein der Halbinsel Scandola zu Tage tritt (3 Std.). Der schattige Taleinschnitt leitet uns direkt ins Örtchen Girolata, das wir oberhalb des Genueserturmes erreichen (3:15 Std.). Schon beim ersten Betreten wird die traumhafte

Nach drei Stunden erreicht die Wanderroute Girolata.

Lage des Fischerdorfes ersichtlich, das sich im Schutz einer lang gestreckten Landzunge vor dem offenen Meer verbirgt. Durch die Dorfgasse gelangen wir zum Strand **Plage Focaghia**, wo kleine Bars, ein Restaurant und die Gîte d'Etape zu einer kühlen Rast unter mächtigen Eukalyptusbäumen laden.

Der Tra Mare e Monti setzt sich am gegenüberliegenden Ende des Strandes fort und überwindet zuerst eine felsige Steilstufe oberhalb der Bucht. Vorbei am Friedhof entfernen wir uns allmählich von der Küste und kommen wieder in den schattigen Steineichenwald zurück. Nach 45 Minuten Aufstieg zweigt auf einem Sattel der Weg zur Cali di Tuara ab, eine Variante des Weitwanderweges, die zuerst zur Bocca a Croce an die D 81 und weiter nach Curzu verläuft (4 Std.). Wir schwenken aber nach links und setzen die Wanderung auf der Hauptroute fort. Ein weiter Quergang auf einem bewaldeten Rücken lässt uns gemächlich höher steigen, wobei noch einmal eine Einsattelung von ca. 60 Höhenmetern zu überwinden ist. Nach einer Stunde ab der letzten Weggabelung ist die Straße D 81 erreicht (5 Std.). Nun haben wir zwei Alternativen zum Col de Palmarella zurückzukehren. Entweder legen wir die 2 km bis zum Pass auf der Straße zurück, wofür wir etwa 30 Minuten benötigen, oder wir folgen dem Tra Mare e Monti noch 230 Höhenmeter aufwärts bis zur **Punta di u Munditoghiu** (641 m), wo wir beim Wegkreuz den abwärts führenden Steig nach Galéria wählen und über den macchienbewachsenen Grat zum Col de Palmarella absteigen. Für diese Variante benötigen wir noch gut eine Stunde ab der D 81 (5:30–6 Std.).

Auf den Monte Incudine

Der südlichste Zweitausender Korsikas: Bergerie San Petru – Refuge Pedinielli – Col de Luana – Monte Incudine
Karte: C6

22

 mittel

 14 km

 6 Std.

 ↑ 870 m ↓ 870 m

Tourencharakter: Eindrucksvolle Streckenwanderung auf Schotterstraßen, Wald- und Bergpfaden sowie einem Teilstück des GR 20; im Gipfelbereich führt die Route über Felsplatten und Grobblockhalden.
Beste Jahreszeit: April–Juni, September, Oktober.
Ausgangs-/Endpunkt: Bergerie bzw. Chapelle San Petru (1400 m).
Wanderkarte: Ign 4253 ET, ign 4253 OT, M=1:25 000.
Markierung: Gelbe Punkte am Beginn der Wanderung, rot-weiße Striche im Verlauf des GR 20.

Verkehrsanbindung: Von der D 69 Aullène-Zivaco zweigt 4,5 km nach dem Col de Vaccia bzw. 10 km nach Zivaco die D 428 ab, die als schmale Waldstraße zu einem Parkplatz nahe der Chapelle San Petru führt (ca. 7 km ab der Abzweigung).
Einkehr: Auberge und Bergerie de Bassetta, Tel. 0495/25 74 20; mit Restauration und mehreren kleinen Holzhütten.
Unterkunft: Auberge und Bergerie de Bassetta, Tel. 0495/25 74 20; mit Restauration und mehreren kleinen Holzhütten.
Tourist-Info: Bergerie de Bassetta.

Wenn auch die Anfahrt von der Küste zum Ausgangspunkt dieser Wanderung langwierig ist und über enge und sehr kurvenreiche Bergstraßen erfolgt – die Tour selbst entschädigt uns für diese Strapazen mit einer abwechslungsreichen Aufstiegsroute, einer vielfältigen Landschaft und einem traumhaften Aussichtsberg als Ziel.

Der Wegverlauf

Völlig unerwartet öffnet sich auf den letzten Metern der D 428, die von der D 69 zur Bergerie San Petru abzweigt und stets durch Buchenwald verläuft, eine plateauartige Landschaft, die sich zu Füßen des Monte Incudine ausbreitet.

Wir parken das Auto auf einer kleinen Schotterfläche unterhalb der

Chapelle de San Petru, wo auch der Wanderpfad beginnt. Zuerst überqueren wir einen eichenbewachsenen Hangrücken und treffen nach 15 Minuten wieder auf die Schotterpiste, die zu einem größeren Platz führt und sogleich mit einer Schranke versperrt ist. Die breite Schotterpiste führt nun leicht ansteigend durch Wiesengelände und biegt oberhalb des **Ruisseau de Vegracolongu** nach rechts

Das Wiesengelände oberhalb des Ruisseau de Vegracolongu

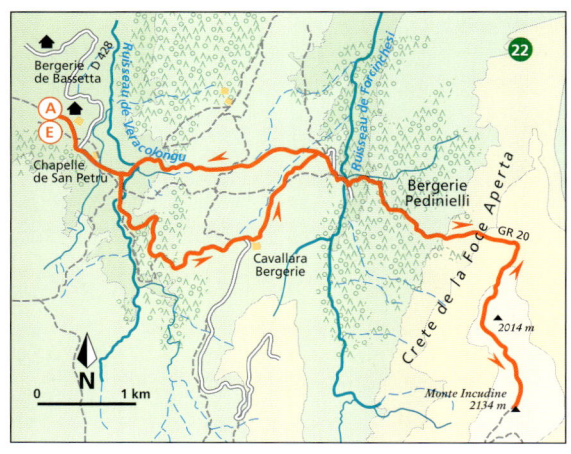

(20 Min.). Wir bleiben nun auf dieser Schotterstraße, die mit einigen Kehren durch Wiesen- und Waldgelände führt, bis wir nach ungefähr 30 Minuten zur Weggabelung bei der Bergerie Cavallara kommen (50 Min.). Jetzt dürfen wir nicht der Straße zu dem kleinen Gehöft folgen, sondern müssen auf den nach links abgehenden Fahrweg einbiegen. Dieser folgt dem Flusstal des **Ruisseau de Cavallare**, verläuft teilweise leicht abwärts, und trifft nach einer markanten Rechtskurve auf die Route des GR 20 (1:15 Std.). Wir folgen nun dem Weitwanderweg, biegen nach rechts auf diesen ein (Hinweisschild »Refuge Pedinielli«) und steigen zunächst zum Tal des **Ruisseau de Forcinchesi** ab. Wir überqueren den romantischen Bachlauf auf einer schaukelnden Hängebrücke und treffen am gegenüberliegenden Ufer auf einen traumhaften Rast- und Zeltplatz, der unter schattigen Buchen für die Wanderer des GR 20 angelegt wurde (1:25 Std.).

Hier beginnt der eigentliche Anstieg zum Gipfel, der nun über Wald- und Bergpfade verläuft. Der Weg windet sich zuerst durch den Buchenwald aufwärts und erreicht nach 30 Minuten und einigen Steilstufen das waldfreie Plateau der ehemaligen **Bergerie Pedinielli** (1620 m, 2 Std.), von der nur noch die Grundmauern zu sehen sind. Im Zuge des GR 20 hat man hier eine Biwakhütte errichtet, die bei schlechtem Wetter Schutz bietet. Nun steigen wir durch zwergstrauchbewachsenes Gelände stets mit gleicher Steigung aufwärts, schwenken ein wenig nach Osten und streben auf einen deutlichen Hangeinschnitt zu. Durch diesen gelangen wir zum Sattel des **Col du Luana** (1805 m, 2:30 Std), auf dem die Aufstiegsroute nach Süden schwenkt und dem breiten Grat folgt, der ohne ausgesetzte Stellen problemlos zu begehen ist. Wir achten ein wenig auf die Markierungen, denn immer wieder gehen kleinere Viehsteige ab, die in die

22

westlichen Hänge unterhalb des Monte Incudine ziehen. Etwa eine halbe Stunde vor dem Gipfel verlässt der Weg ein wenig den Grat, läuft um einen 2014 m hohen Seitengipfel herum, um vorbei an der Punta di Valli Tremuli den Gipfel des **Monte Incudine** (2134 m, 3:15 Std.) zu erreichen. Hier erwartet uns ein traumhaftes Panorama. Bei klarem Wetter etwa im Herbst reicht der Blick bis an die Südspitze Korsikas und nach Sardinien. Der Gipfel selbst muss eher als Plateau aus glatt geschliffenen Granitplatten bezeichnet werden, das mit Grobblöcken und Kieselsteinen übersät ist.

Der **Abstieg** erfolgt bis zur Abzweigung des GR 20 nach der Hängebrücke über den Aufstiegsweg (5 Std.). Bei dieser Weggabelung folgen wir weder dem Weitwanderweg, der von hier aus zum Col de Verde verläuft, noch dem Fahrweg, auf dem wir am Beginn der Wanderung gekommen sind, sondern dem Pfad, der in der Linkskurve der Schotterstraße geradeaus nach Westen ins Wiesengelände zieht. Wir überqueren den **Ruisseau de Cavallare** und wandern auf dem weichen Wiesenpfad durch herrliches Weidegebiet. Parallel zum Taleinschnitt des **Ruisseau d'Allucia** treffen wir auf eine Schotterstraße, überqueren diese und folgen dem Steig, der aufwärts auf eine Kuppe zuläuft. Zuerst durch lockeres Buschwerk und später durch Buchenwald überqueren wir diese Kuppe, um an der Nordseite zum Tal des **Ruisseau de Vegracolongu** abzusteigen. Plötzlich erkennen wir vor uns die Fahrstraße, auf der wir unsere Wanderung begonnen haben. Wir steigen am gegenüberliegenden Bachufer zu dieser auf und folgen ihr abwärts, vorbei am Schranken zum Steig, der bei der Chapelle San Petru, unserem Ausgangspunkt, endet (6 Std.).

Weitreichende Aussicht vom Gipfelplateau des Monte Incudine über den Süden der Insel.

23 Rund um die Bavellatürme

Die »Tour des Tours« durch die Dolomiten Korsikas: Col de Bavella –
Col de l'Oiseau – Turm III – Col de Bavella   Karte: D6

anspr.

16 km

7 Std.

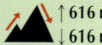

↑ 616 m
↓ 616 m

Tourencharakter: Ausgiebige Tagestour (Rundwanderung) auf zum Teil steilen Berg- und Felspfaden, Abstieg über Schutthänge; im Bereich der Bavellatürme ist Trittsicherheit absolut notwendig, Schwindelfreiheit von Vorteil.
Beste Jahreszeit: Mitte Mai–Oktober.
Ausgangs-/Endpunkt: Col du Bavella (1218 m).
Wanderkarte: Ign 4253 ET, M=1:25 000.
Markierung: Gelbe Doppelstriche, später rot-weiße Markierung des GR 20.
Verkehrsanbindung: Von Porto Vecchio im Süden über die D 268 durch den Wald von Ospédale bis Zonza, von dort 8 km bis zum Pass (Anfahrt etwa 1 1/4 Std.), von Solenzara über den Bocca di Larone zum Pass (Anfahrt etwa 1 Std.); im Sommer bestehen tägliche Busverbindung nach Porto Vecchio.
Einkehr: Auberge im Village de Bavella, Bars und Restaurants in Zonza.
Unterkunft: Auberge (Gîte d'Etappe Grimaldi) im Village de Bavella (Lager); Kleine Hotels (2-Sterne) in Zonza, Schattiger Waldcampingplatz 3 km südlich von Zonza.
Tourist-Info: Office du Tourisme de l'Alta Rocca, BP 01, 20170 Levie, Tel. 0495/78 41 95, Fax 0495/78 46 74.

Die phantastische Gebirgslandschaft der Aiguilles de Bavella am gleichnamigen Pass werden wegen der turmartigen Formationen auch als Dolomiten Korsikas bezeichnet. Die Rundtour führt unmittelbar durch diese faszinierende Bergwelt und kehrt durch das romantische Asinao-Tal zum Ausgangspunkt zurück.

Der Wegverlauf

Der **Col de Bavella** (1218 m) wird zusammen mit den **Aiguilles de Bavella** als die schönste Gebirgslandschaft Korsikas bezeichnet. Besonders herausragend, im wahrsten Sinne des Wortes, sind die Bavella-Türme, die mit ihrer äußeren Form an die Dolomiten Südtirols erinnern. Je nach Sonneneinstrahlung schimmern sie in gelblichem oder rötlichem Licht oder werden von den ziehenden Passatnebeln in eine mystisch anmutende Landschaft verwandelt. Die Korsen bezeichnen die turmartigen Gebilde selbst liebevoll als Eselsohren – Cornes d'Asinao.

Wir beginnen die ausgiebige Tagestour unmittelbar am Pass und steigen zuerst vom großen Parkplatz an der Westseite über einen steilen Pfad durch den Osthang der Punta l'Acellu zum Col de l'Oiseau auf. Schon nach wenigen Metern biegt nach links der rot-weiß markierte GR 20 ab. Gleich anschließend verlassen wir das bewaldete Gelände und treten in die steilen, schuttgefüllten Hänge ein. Der anstrengende Aufstieg dauert etwa 45

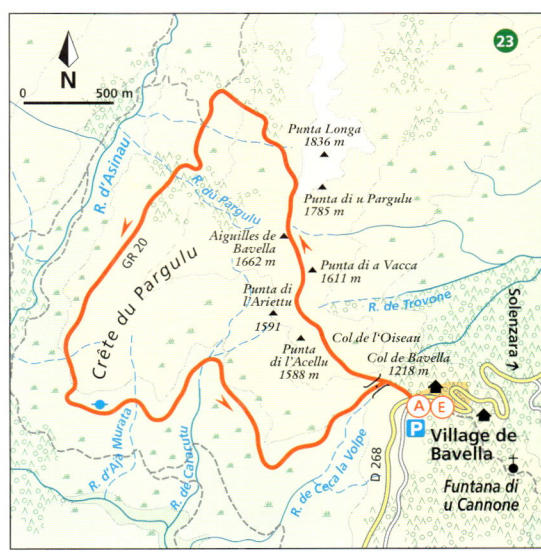

Minuten und folgt der gelb markierten Alpinvariante des GR 20, die durch die Gipfelwelt der Aiguilles de Bavella führt. Nach einer engen Felspassage stehen wir auf dem **Col de l'Oiseau** und blicken tief in den Taleinschnitt des Ruisseau de Travone (50 Min.). Vor uns ragt die Südgruppe der Bavella-Türme auf, durch die sich unser Pfad nun hindurchschlängelt. Wir müssen sogleich auf einem schmalen und rutschigen Steig durch leicht bewaldetes Gelände absteigen und wandern über einen Quergang an den Fuß des Turms I – **Punta di l'Acellu** (1588 m) heran. Hier biegt der Weg nach links in steiles und felsiges Gelände ein, das zusätzlich noch durch Grobblöcke unübersichtlich ist. Wir müssen uns auf die Markierungen konzentrieren, um nicht vom Weg abzukommen. Nach der Umrundung des Turms I queren wir leicht ansteigend ein Schuttfeld hinüber zum Turm II – **Punta di l'Arietu** (1591 m). Hier dürfen wir nicht durch die links nach oben führende Scharte aufsteigen, sondern zwängen uns nach rechts durch einen engen Felsschluff auf einen stark geneigten Plattenschuss. Dieser ist zwar durch Stahlseile gesichert, dennoch erfordert diese Passage Trittsicherheit und Vorsicht, denn ein Ausrutschen würde unweigerlich zu einem Absturz führen. Wir behelfen uns mit den Seilen und klettern zur Basis hinab. Nun haben wir bereits die

Der Passatnebel veranstaltet ab Mittag ein bizarres Schauspiel am Col de Bavella.

23

Die einzelnen Bavellatürme ragen wie Felsdome in den Himmel.

schwierigsten Passagen unserer Rundtour hinter uns und können uns mit vollem Genuss der Bergwelt hingeben (1:30 Std.).

Der Weg setzt sich in einer Scharte zwischen Turm II und Turm III mit deutlicher Trasse und mäßiger Steigung fort. Wir umrunden den Turm III an der Nordostseite und müssen nochmals zu einem Sattel aufsteigen, der nördlich zwischen Turm III und Turm IV liegt.

Von hier führt der Weg weiter ansteigend zur Basis des beeindruckenden Turm IV – **Punta di u Pargulu** (1785 m) – und wechselt von der Ostseite des Grates auf die dem Asinao-Tal zugewandte Seite (2:45 Std.). Nach einem 15-minütigen Quergang entlang der Westseite des Turms IV beginnen wir mit dem Abstieg. Obwohl wir uns immer noch auf der Alpinvariante des GR 20 befinden, wird die Wegführung nun unübersichtlich. Wir müssen so weit wie möglich den Felshängen entlang nordwärts wandern und erst unterhalb der **Punta Longa** (1836 m) oder des Turms V dürfen wir mit dem Abstieg ins Tal beginnen. Zuerst passieren wir einen schuttübersäten Abhang, um später in bewaldetes Gelände zu gelangen. Der Pfad windet sich in unzähligen kleinen Serpentinen abwärts und trifft nach etwa 30 Minuten auf die Hauptroute des GR 20 (3:30 Std). Wer diesen Abstiegsweg versäumt, wird auch ohne Markierungen zum GR 20 stoßen, das Gelände ist jedoch unübersichtlich, steil und beinhaltet Rinnen und felsige Geländestufen. Man muss unbedingt den bewaldeten oder mit Gras überzogenen Hängen folgen und die Felsrinnen meiden. Bei Regen sollte dieser Abstieg grundsätzlich nicht unternommen werden.

23

Die Hauptroute des GR 20 verläuft etwa auf 1300 Metern Seehöhe talauswärts. Wir schwenken nach links auf den bequemen Pfad, der zuerst ginsterbewachsene Hänge durchzieht. Nach der Querung des Taleinschnittes des **Ravin du Pargulu** nimmt der Wald zu. Wir wandern gut eine Stunde durch die oberen Hänge des Asinao-Tales und genießen diesen reizvollen Wegabschnitt. Nach einiger Zeit lässt der kühle Wald nach und wir treten in die macchienbewachsenen Hänge ein, die die Südseite der **Crête du Pargulu** ankündigen (4:45 Std.). Je weiter wir uns dem Talausgang nähern, umso trockener werden die Hänge, umso stacheliger der Bewuchs. Nach einer steilen Abwärtspassage gelangen wir durch Macchiengestrüpp zu einem Wiesensattel (5 Std.). Plötzlich deutet ein kleines Schild mit der Aufschrift »**sourci**« auf eine kühle Quelle hin, die drei Meter links des Weges im dichten Gestrüpp aus dem Boden sprudelt. Eine willkommene Erfrischung, die wir uns nach fünf

Tipp: Der Turm III – **Punta di a Vacca** (1611 m) – ist der am leichtesten besteigbare und kann vom nördlich anschließenden Sattel aus in etwa 15 Minuten mit leichter Kletterei bezwungen werden. Schwindelfreiheit ist von Vorteil.

Stunden Gehzeit gerne gönnen wollen. Anschließend durchqueren wir aufgelassene Schaf- und Ziegenweiden, die von Steineichen und Baumerika durchsetzt sind. In der Nähe eines großen Felsblockes befindet sich ein schattiger Rastplatz, bei dem jedoch das Zelten laut Hinweisschild der Naturparkverwaltung verboten ist.

Gleich anschließend tritt der Saumpfad wieder in dichtes Gebüsch ein und kommt an einer zweiten Quelle vorbei. Der Weg führt nun in den mit Steineichen bewachsenen Taleinschnitt des **Ruisseau d'Aja Murata**, durchläuft diesen, um anschließend einen weiteren Hangrücken zu umlaufen (5:30 Std.). Danach folgt der etwa dreimal so tiefe Einschnitt des **Ruisseau de Caracutu**, für dessen Durchquerung wir 40 Minuten benötigen. Im Bereich des Bachbettes sind herrliche Felsbecken ausgebildet, die mit kühlem Wasser gefüllt sind.

Ein Gegenanstieg bringt uns durch Laricio-Kiefernwald aus dem Tal heraus, wo wir einige Felsnasen umlaufen. Wir befinden uns nun an den Hängen des **Ceca-la-Volpe-Tales**, das vom Col de Bavella ausgeht (6:15 Std.). Quer durch mannshohe Macchie steuern wir auf einen letzten Hangrücken zu und müssen nun noch etwa 40 Minuten und gut 150 Höhenmeter bis zum Ausgangspunkt zurücklegen. Je näher wir zum Pass kommen, umso mehr nehmen die Laricio-Kiefern zu, ehe wir durch steiles Gelände den Ausgangspunkt dieser abwechslungsreichen Rundtour am **Col de Bavella** (1218 m) erreichen (7 Std.).

24

Zum Trou de la Bombe

Waldwanderung zu einem Felsenloch: Col de Bavella – Bocca di Velaco –
Trou de la Bombe – Col de Bavella   Karte: D6

leicht

7 km

3 Std.

↑ 150 m
↓ 150 m

ja

Tourencharakter: Einfache Rundwanderung meist durch lichten Kiefernwald, nur der Aufstieg zum Felsenloch verläuft über einen schmalen Bergsteig.
Beste Jahreszeit: April–Juni, September, Oktober.
Ausgangs-/Endpunkt: Col de Bavella (1218 m).
Wanderkarte: Ign 4253 ET, M=1:25 000.
Markierung: Rote Farbpunkte und rotgelbe Farbringe an den Bäumen.

Verkehrsanbindung: Der Col de Bavella ist von den Küstenorten Port Vecchio und Solenzara über die D 268 zu erreichen.
Einkehr: Bar-Restaurant am Col de Bavella, im Sommer zusätzliche Kioske.
Unterkunft: Gîte d'Etape und Bar am Col de Bavella, in der Bar zieren spektakuläre historische Aufnahmen des Trou de la Bombe die Wände.
Tourist-Info: Gîte d'Etappe am Col de Bavella.

Neben den Klettertouren rund um den Col de Bavella bietet diese Wanderung die Möglichkeit, auf einfache Weise diese famose Bergwelt aus nächster Nähe erleben zu können. Wir wandern entlang eines bequemen Waldweges zum Felsenloch unterhalb der Punta Velaco.

Der Wegverlauf

Ausgangspunkt dieser Rundwanderung ist der **Col de Bavella**. Wir folgen einem rot markierten Weg, der in südöstlicher Richtung oberhalb der Parkplätze vom Pass wegführt. Nach kurzem Anstieg erreichen wir bei einem Sendemasten eine Lichtung, die auf einer Kuppe liegt (1305 m, 15 Min.). Nun wechseln wir auf einen Forstweg, der leicht abwärts in den prächtigen Wald aus Lariciokiefern zieht. Beinahe eben wandern wir im Schatten der Bäume dahin, dürfen jedoch nicht die roten Markierungen aus den Augen verlieren, denn zweimal gehen nach rechts Seitenwege ab. Nach einer deutlichen Linkswendung steigt die Forststraße allmählich zum Sattel

Beim **Trou de la Bombe** handelt es sich um eine beinahe kreisrunde Öffnung, die von einem Bogen aus Granitgestein bedeckt wird. Hinter dem Loch bricht der Felsenkamm senkrecht mehr als 500 Meter in die bizarre Schlucht der Aracale ab.

Bocca di Velaco an, der zu Füßen der schroffen Punta Velaco und der Calanca Murata liegt (1 Std.). Die waldfreie Wiesenmulde gleicht dabei jedoch mehr einer Lichtung als einem Pass.

24

Wir überqueren die Mulde, um am Ostrand in den lang gestreckten Bergrücken der Promontoire einzusteigen. Ein romantischer, an alten Lariciokiefern vorbeiführender Steig windet sich über ein paar Steilstufen dem »Bombentrichter« entgegen. Rote Pfeile weisen den richtigen Weg durch den Felshang. Erst am letzten Abschnitt des Weges sehen wir auf das etwa 8 m hohe und breite Felsloch, das als **Trou de la Bombe** bekannt ist (1:15 Std.). Der Rückweg zum Col de Bavella verläuft bis zur Mulde des **Bocca**

Die Statue Notre-Dame-des-Neiges ist am 5. August das Ziel der Pilgerscharen.

di Velaco am Aufstiegsweg. Um unsere Route zu einer Rundwanderung auszubauen, folgen wir dem breiten Waldpfad, der sich nach rechts von der Senke entfernt und quer über eine bewaldete Kuppe verläuft. Nach einer halben Stunde ab dem Bocca kommt dann der Felsen **Dame-Jeanne** (1313 m) ins Blickfeld (2 Std.). Danach überqueren wir ein Waldbächlein und wandern auf dem nachfolgenden Steig abwärts, bis wir die einsam im Wald versteckte Wallfahrtskapelle **Fontaine di a Cannone** erreichen (2:45 Std.). Die letzten 15 Minuten Wegstrecke bis zum Parkplatz am Col de Bavella legen wir auf einem beinahe ebenen Waldweg zurück (3 Std.).

25 Zur Paliri-Hütte

Auf der vorletzten Etappe des GR 20: Col de Bavella – Foce Finosa –
Refuge de Paliri – Col de Bavella   Karte: D6

 mittel

 10 km

 4¼ Std.

 ↑ 350 m ↓ 350 m

☺ ja

Tourencharakter: Kurze, aber dennoch anstrengende Halbtagestour (Strecken-wanderung). Im Sommer macht sich bald am Morgen die Hitze bemerkbar. Beim Rückweg sind zwei Anstiege zu überwinden, deshalb muss etwas mehr Zeit eingeplant werden, als für den An-marsch.
Beste Jahreszeit: April–Juni, September, Oktober.
Ausgangs-/Endpunkt: Bavella-Pass (1218 m).
Wanderkarte: Ign 4253 OT, M=1:25 000.

Markierung: Rot-weiße Markierungen des GR 20.
Verkehrsanbindung: Der Col de Bavella ist von den Küstenorten Porto Vecchio und Solenzara über die D 268 zu errei-chen, Parkplätze auf der Passhöhe.
Einkehr: Gîte d'Etape und Bars am Col de Bavella.
Unterkunft: Gîte d'Etape am Col de Bavella, Selbstversorgerhütte Paliri.
Tourist-Info: Gîte d'Etape.

Die Paliri-Hütte mit Felskulisse der Tafunata

Die Bergwelt rund um den Col de Bavella bietet zahlreiche Wander-möglichkeiten unterschiedlichen Charakters. Diese Tour führt zur Selbstversorgerhütte Refuge de Paliri, die am Südostabfall des bizar-ren Bavellagebirges liegt.

Der Wegverlauf

Vom Parkplatz am **Col de Bavella** (1218 m) müssen wir zuerst der Passstraße abwärts bis zum Ein-stieg des Wanderweges folgen, der in der ersten Serpentine beim Vil-lage de Bavella nahe der Gîte d'E-tape beginnt. Die mit weiß-roten Markierungen gekennzeichnete Trasse des GR 20 verläuft anfäng-lich auf einer schmalen Forst-straße, ehe sie sich nach einem Brunnen zu einem Waldpfad ver-jüngt. Unser Weg beginnt sogleich durch den lichten Föhrenwald steil abzusteigen, um nach etwa 45 Minuten auf einen breiten Forstweg zu münden. Wir folgen diesem nach rechts in die Talung

25

Die südostexponierten Hänge der Punta Tafunata sind als Revier der Mufflons, bekannt. Auf dieser Wanderung hat man gute Chancen, früh am Morgen im Bereich zwischen Foce Finosa und Paliri-Hütte das eine oder andere Schaf zu sehen.

des **Volpajola-Baches**, überqueren diesen auf einer bequemen Betonbrücke und bleiben noch ungefähr 100 m auf dieser Schotterpiste. Ein wenig später zweigt ein Waldsteig nach rechts ab, auf dem wir schließlich den steilen Anstieg zur Foce Finosa beginnen.

Nach insgesamt 1:15 Std. ist der Übergang der **Foce Finosa** (1206 m) erreicht, ein schroffer Felsgrat, der mit knorrigen Föhren besetzt ist. Auch der Blick auf die Ostseite des Gebirges ist überwältigend. Ein tiefes unwegsames Tal mit Felstürmen, Graten und schroffen Einschnitten liegt vor uns, links ragt der mächtige Blickfang der Punta Tafunata auf, der die gebirgige Kulisse für die Paliri-Hütte bildet. Wir müssen nun gut 160 Höhenmeter bis zur Hütte absteigen. Der steile, über Felsabsätze führende, aber an keiner Stelle ausgesetzte Weg windet sich durch den schütter bewaldeten Hang hinab, bis er über einen Quergang unterhalb der Crête de Tafunata der Hütte entgegenstrebt.

Zuletzt umlaufen wir noch einen bewaldeten Hangrücken, ehe wir bei der Selbstversorgerhütte **Refuge de Paliri** (1055 m, 2 Std.) angekommen sind. Diese liegt auf einem äußerst reizvollen und einsamen Platz zu Füßen der **Punta Tafunata** (1213 m) und bietet zusätzlich zur Schutzhütte auch Kochstellen und Picknickplätze im Freien an.

Für den **Rückweg** benutzen wir die Route, auf der wir hierher gekommen sind und müssen sowohl zur Foce Finosa, als auch zum Village de Bavella aufsteigen (2:15 Std). Die Tour wird dadurch auch anstrengender, als es die reinen Höhenmeter vermuten lassen.

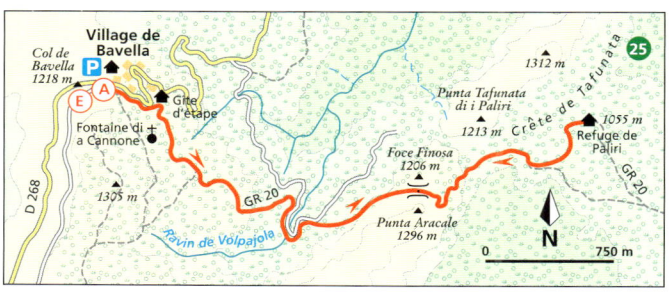

26

Piscia di Gallo

Wasserfall und Wackelstein: Parkplatz – Wackelstein –
Piscia di Gallo – Parkplatz

Karte: D7

 leicht

 4 km

 1½ Std.

 ↑ 140 m ↓ 140 m

 ja

Tourencharakter: Leichte Waldwanderung auf Forststraße und Waldsteig, im untersten Bereich steiler Abstieg bis zu einem felsigen Aussichtsbalkon gegenüber dem Wasserfall; der Anstieg ist am Rückweg zu absolvieren.
Beste Jahreszeit: April–Oktober.
Ausgangs-/Endpunkt: Parkplatz 1 km nördlich des Ospedale-Stausees (950 m).
Wanderkarte: Ign 4254 ET, M=1:25 000.

Markierung: Rote Richtungspfeile.
Verkehrsanbindung: Über die D 268 von Porto Vecchio nach Ospedale und weiter vorbei am Stausee in Richtung Zonza.
Einkehr: Im Sommer Buvette am Parkplatz, Restaurant in Ospedale.
Unterkunft: In den Orten an der Küste, Camping und kleine Hotels in Zonza.
Tourist-Info: Keine.

Nicht nur der Wasserfall selbst macht diese Kurzwanderung so lohnenswert, sondern auch die bizarre Landschaft, durch die der Anmarsch verläuft. Bevor wir das Naturschauspiel selbst erreichen, begegnen wir einem Wackelstein und der romantischen Talung des Osu-Flusses, wo sich zahlreiche Badeplätze befinden.

Der Wegverlauf

Der **Forêt de l'Ospedale** hält neben seiner reizvollen Waldlandschaft aus Strandkiefern und den hellweißen Felskuppen auch Natursehenswürdigkeiten wie den Wasserfall »Piscia di Gallo« oder Hahnenpiss bereit. Die 50 Meter hohe Kaskade stürzt hoch über dem Osu-Fluss aus einem engen Felsentor über eine senkrechte Wand herab und füllt ein Felsbecken, das sich im Sommer für ein erfrischendes Bad eignet. Im Frühjahr, wenn die Wassermassen nach der Schneeschmelze ihr Maximum erreichen, ist das Schauspiel be-

Der Wackel-stein ober-halb des Piscia di Gallo

sonders sehenswert. In den Sommermonaten verkümmert der Fall hingegen zu einem tröpfelnden Rinnsal, zusätzlich ist der Besucheransturm wegen der Ferienzeit im Juli und August enorm groß.

Wir folgen vom schattigen Parkplatz aus dem breiten Forstweg, der mit dem Hinweisschild »**Chemin de la Cascade**« gekennzeichnet ist. Zunächst wandern wir auf dem breiten Weg durch Strandkiefernwald abwärts und treffen auf einen Wasserlauf, der im Frühjahr zu durchwaten ist. Dahinter verengt sich die Fahrstraße bald zu einem Wanderweg, der auf eine Felskuppe zuläuft. Von hier aus sehen wir tief ins karge, aber wildromantische Tal des **Osu-Flusses**, der den Zulauf für den Wasserfall bildet. Ein kurzer Quergang bringt uns zu einem Felsbalkon, auf dem ein fast frei stehender **Wackelstein** Schwindel erregend über dem Abgrund steht. Nun wandern wir links der Schlucht zwischen Felstürmen, bizarren Kiefern und Kugelbüschen abwärts, bis wir das offizielle Ende des Weges bei einem Aussichtspunkt erreicht haben. Doch der ausgetretene Pfad, der sich jenseits des Zaunes im Steilhang fortsetzt, lässt keinen Zweifel, dass es weiter unten noch bessere Ausblicke auf den Wasserfall gibt. Mit Hilfe der Hände arbeiten wir uns durch den strauchbewachsenen Hang abwärts, ehe wir zu einem Felsabsatz gelangen, der nun freie Blicke auf den **Piscia di Gallo** (836 m) freigibt. Die kleine, stets feuchte Plattform bietet den besten Blick auf den Fall, der hoch über uns direkt aus der Felswand strömt und in ein Felsbecken stürzt, das sich unter uns ausbreitet. Weiter in der Schlucht abzusteigen, ist auf keinen Fall ratsam, also müssen wir hier umdrehen und auf demselben Weg zum Waldparkplatz zurückkehren, wobei nun die 140 Höhenmeter als Anstieg zu überwinden sind.

27 Dörfertour bei Quenza

Im Alta Rocca von Dorf zu Dorf: Quenza – Jallicu – Serra-di-Scopamene – Sorbollano – Quenza   Karte: C 6/7

 mittel

 17 km

5¹/₂ Std.

↑ 820 m
↓ 820 m

Tourencharakter: Rundwanderung, die nur durch die Länge und eventuell durch die Hitze schwierig wird. Die Tour verläuft zum Teil entlang des Weitwanderweges Mare e Mare Sud über Hirtenpfade und Feldwege.
Beste Jahreszeit: April, Mai, September, Oktober.
Ausgangs-/Endpunkt: Quenza (813 m).
Wanderkarte: Ign 4253 OT und ign 4254 OT, M=1:25 000.
Markierung: Orange Farbpunkte, Wegweiser.
Verkehrsanbindung: Quenza ist von

Porto Vecchio aus über die D 386 bis Zonza und von dort über die D 420 zu erreichen, von Petreto-Bicchisano und Aullène ebenfalls über die D 420; Parkplätze bei der Pfarrkirche.
Einkehr: Bars und kleine Geschäfte in Quenza und Serra-di-Scopamene, Restaurant in Quenza (am östlichen Ortseingang).
Unterkunft: Gîte d'Etappe in Serra-di-Scopamene, Auberge in Quenza.
Tourist-Info: Office de Tourisme Alta Rocca, Rue Sorba, BP 01, 20170 Levie, Tel. 0495/78 41 95, Fax 0495/78 46 74.

Diese Steinhütte diente einst zum Zermahlen der Kastanien, aus denen Mehl gewonnen wurde.

Die abwechslungsreiche Rundwanderung stellt uns die gesamten Schönheiten des Alta Rocca vor. Wir wandern auf Hirtenpfaden, Höhen- und Hohlwegen über karge Hochflächen und durch offene Weidelandschaften. Dabei kommen wir an typischen Ortschaften des Alta Rocca vorbei, die wie Schwalbennester in der üppig grünen Landschaft sitzen.

Der Wegverlauf

Unter »**Alta Rocca**« versteht man den südöstlichen Teil des zentralen korsischen Gebirges, das im Osten von den Bavellatürmen und im Süden vom Cagna-Massiv begrenzt wird. Das sehr ursprüngliche Bergland ist nach dem Geschlecht der Rocca benannt, das jahrhundertelang den Südwesten der Insel beherrschte. Ein gutes Dutzend Dörfer, die girlandenartig über die Berghänge verstreut sind, zieren diese Waldlandschaft. Diese Rundwanderung, die durch das Plateau **Pianu sottanu** führt und die Punta di a Cuciurpula (1164 m) umrundet, beginnt in **Quen-**

za (813 m). Das Örtchen mit der unter Denkmalschutz stehenden Kirche St. Georges aus dem 16. Jh. gilt mittlerweile als heimliches Zentrum eines sanften Tourismus, der sich im Alta Rocca entwickelt hat und durch Wandern, Pferdeausflüge und das Pflegen alter Traditionen gekennzeichnet ist. Am östlichen Ortseingang begeistert die eher neuzeitlich wirkende **Villa der Colonna dei Cesari**, die vom beachtlichen Reichtum dieser Familie aus dem ältesten Inseladel zeugt. Eine der bedeutendsten Sehenswürdigkeiten des Alta Rocca, die aus dem 11. Jh. stammende und im romanischen Baustil errichtete pisanische **Kapelle Santa Maria**, liegt ebenfalls ganz in der Nähe von Quenza.

Wir beginnen die Wanderung in Quenza unmittelbar bei der **Kirche St. Georges** und folgen dem orange markierten Weitwanderweg auf einer nach Westen aufwärtsführenden und nach links von der Hauptstraße abzweigenden Dorfstraße (Hinweisschild 'Serra-di-Scopamene'). Nach wenigen hundert Metern wechseln wir auf einen Schotterweg, der zum Einschnitt des **Ruisseau San Petru** hinabführt. Hier sind Reste einer alten Mühle samt Stauwehr erhalten, daneben führt ein Eisensteg auf das andere Bachufer, wo sich unsere Route nach oben strebend fortsetzt. Dabei halten wir uns leicht rechts, immer den orangen Markierungen folgend, und lassen Stichwege, die in die Schlucht des Baches führen, unberührt. Nach 30 Minuten ab Quenza passieren wir einen Wirtschaftsweg, folgen aber den Serpentinen des Weitwanderweges weiterhin durch kühlen Steineichenwald aufwärts. Knapp unterhalb von Jallicu stoßen wir auf einen breiten Feldweg und wenden im spitzen Winkel nach links. Nach wenigen Minuten erreichen wir den Weiler **Jallicu** auf 1107 m Höhe (1:15 Std.). Von hier aus überblickt man majestätisch das gesamte Alta Rocca

27

rund um Quenza, die Aussicht reicht sogar bis zu den Bavellatürmen. Jallicus – oder korsisch Ghjallicu – besteht aus einigen Steinhäuschen, einem alten öffentlichen Backofen und aus der Gîte équestre, einem Reiterhof. Wir folgen der Dorfstraße westwärts durch das Örtchen, um nach einiger Zeit in einer Kurve (1061 m) nach rechts auf den Maultierpfad zu wechseln, der nach Serra-di-Scopamene führt (1 Std.). Die nächste Station entlang unserer Wanderung bildet eine ehemalige Kastanienmühle, die an einem schattigen Waldbach knapp unterhalb der Bergerie von **Lavu Donacu** liegt (1:45 Std.). Wir überqueren den Bach und wandern kurz auf einem steil aufwärtsführenden Pfad bis zur Schotterpiste nahe der Bergerie. Hier dürfen wir nicht der Fahrstraße folgen, sondern dem Wiesenpfad, der in der ersten Kurve nach rechts abzweigt. Ein längerer Quergang bringt uns zum **Bocca d'Arghia Petrosa** (1000 m, 2 Std.), wo wir auf eine weitere Schotterpiste treffen, dieser aber nur kurz folgen. Denn unser Wanderpfad setzt sich in einer Linkskurve geradeaus fort, um das felsige, garriguebewachsene Gelände zwischen der Punta di a Cuciupula und dem Arja la Foce zu durchqueren. Auf der Passhöhe **Bocca d'Arghia la Foce** zeigt sich zum ersten Mal Serra-di-Scopamene, während wir auf einem Feldweg auf eine Kieferngruppe zusteuern (2:30 Std.). Danach schwenken wir kurz auf einen Feldweg ein, um diesen sogleich wieder nach rechts zu verlassen. Nach weiteren 15 Minuten Gehzeit erreichen wir die **Bocca di Paradisu** am nördlichen Ortsrand von **Serra-di-Sopramene** (2:45 Std.). Eine asphaltierte Straße bringt uns bequem abwärts, vorbei an Campingplatz, Reitstall und Tennisplatz, bis wir bei der Kapelle auf die D 420 treffen. (3:15 Std.). Nach links einbiegend, durchqueren wir den ehemaligen

Das Alta Rocca zieren zahlreiche kleine Ortschaften wie Serra-di-Sopramene.

27

Hotel-Restaurant **Sole e Monti** in Quenza. Traditionelle korsische Menüs, die im Sommer in einem romantischen Gastgarten serviert werden, Das Hotel mit anspre-chendem Komfort verfügt über 20 Zimmer mit Bad/WC, TV, Terrasse. Tel. 0495/78 61 21, Fax 0495/78 60 26.

Hauptort des Alta Rocca, der sich in den letzten Jahren zu ei-nem beliebten Sommersitz der Touristen entwickelt hat. Die Häuser liegen zerstreut über dem Berghang verteilt und durchset-zen Obst-, Oliven und Kastani-enhaine. Vorbei an der Gîte d'Etape und einer Snackbar, zweigen wir unterhalb des Cafés auf ei-ne Rampe ab, die uns zur alten, vor kurzem vom Parc régional liebe-voll restaurierten Ölmühle hinabführt. Sie liegt in einem schattigen Taleinschnitt und wird von einem großen, hölzernen Wasserrad an-getrieben.

Nun folgt ein holpriger Abschnitt über einen alten Saumpfad, der vor der Errichtung der D 420 **Sorbollano**, unsere nächste Station, mit Ser-ra-di-Scopamene verbunden hat. Vorbei an der alten Quellfassung und leuchtenden Kirsch- und Nussbäumen erreichen wir das Ört-chen auf der oberen Dorfstraße (3:45 Std.). Wir bleiben auf dieser und kommen nach der Durchquerung des Dorfes an die Kreuzung der D 420 mit der D 20 nach Ste-Lucie heran, wo sich unsere Route nach Überquerung der Straße nach wenigen Metern links auf einem schattigen Hohlweg fortsetzt (4 Std.). Es geht auf dem Waldpfad zum lauschigen **Ruisseau de Codi** hinab, wo bei einer Holzbrücke schöne Bademöglichkeiten bestehen. Nach der Überquerung des Bachgra-bens wandern wir südwärts in einem weiten Bogen um das Plateau Cuvu herum (4:15 Std). Nun beginnt der Hohlweg ein vorletztes Mal anzusteigen, um uns auf das Plateau in Richtung Quenza zu bringen. Nach der 20-minütigen Aufwärtspassage treffen wir auf einen Schot-terweg, in den wir nach links einbiegen. Wir umlaufen ein einge-zäuntes Gehege und folgen der Schotterpiste gut 20 Minuten lang, bis ein geradeaus verlaufender Waldweg abzweigt (778 m). Auf die-sem geht es zuerst auf steinigem, dann auf sandigem und später so-gar auf morastigem Untergrund über Feuchtstellen dem Zielpunkt **Quenza** entgegen, zu dem wir nochmals durch Wiesengelände leicht aufwärts steigen müssen. Hinter einem Bachgraben benutzen wir den geradeaus verlaufenden Wiesenweg, um durch die Südhän-ge von Quenza zur Pfarrkirche St. Georges aufzusteigen. Über eine letzte Treppe erreichen wir den Vorplatz der Kirche, von wo wir zu unserer Rundwanderung aufgebrochen sind (5:30 Std.).

28 Punta di a Vacca Morta

Einfache Rundtour im Alta Rocca: Col de Mela – Punta di a Vacca Morta – Sentier des Tafoni – Col de Mela Karte: C7

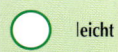 leicht

 8 km

 3¼ Std.

 ↑ 292 m ↓ 292 m

 ja

Tourencharakter: Einfache Rundwanderung durch Wald- und Weidegebiet zu einem kleinen Gipfel innerhalb der Weidegebiete des Alta Rocca, der Rückweg verläuft über den Sentier des Tafoni.
Beste Jahreszeit: April–Juni, September, Oktober.
Ausgangs-/Endpunkt: Col de Mela (1068 m).
Wanderkarte: Ign 4254 ET, M=1:25 000.
Markierung: Rote Farbpunkte, Wegweiser.
Verkehrsanbindung: Hinter Ospedale

(D 368) zweigt vor dem Stausee eine Waldstraße ab zum Col ab (2,4 km), bei der ersten und zweiten Abzweigung links (in Richtung Cartalavonu), bei der 3. und 4. rechts, bei der 5. wieder links zum Col de Mela.
Einkehr: Gîte d'Etape in Cartalavonu.
Unterkunft: Hotels und Campingplätze in Zonza.
Tourist-Info: Maison de Tourisme Porto-Vecchio, Rue du Député de Rocca Serra BP 92, 20137 Porto-Vecchio, Tel. 0495/70 09 58, Fax 0495/70 03 72.

Diese Halbtageswanderung beginnt am Col de Mela und führt zum Gipfel Punta di a Vacca Morta. der als Panoramagipfel aus dem Blockmeer des östlichen Alta Rocca ragt. Am Rückweg begegnen wir riesigen Granitblöcken, Tafoni-Verwitterungen und windgebeugten Kiefern.

Der Wegverlauf

Der Forêt de l'Ospedale am Ostrand des Alta Rocca gelegen, erlaubt selbst im Sommer kühle Wanderungen durch die reizvolle Landschaft. Wir folgen vom Parkplatz am **Col de Mela** aus der Forststraße nach links, um sofort nach rechts auf einen markierten Waldpfad einzubiegen. Nach 10 Minuten treffen wir auf eine weitere, orange markierte Forststraße und setzen die Wanderung nach 100 Meter am Waldweg auf der anderen Seite fort (Steinmännchen). Die orange Markierung gehört zum Weitwanderweg Mare a Mare Sud, auf dem wir

zurückkehren werden. Unser Waldpfad wird nun etwas steiler und steigt durch Strandkiefernwald auf einen waldfreien, mit Adlerfarnfluren bewachsenen Rücken (30 Min.). Wir schwenken nach links und folgen dem Steig, der einem Zaun und später dem wieder bewaldeten Grat entlang aufsteigt. Nach einer Stunde Gehzeit erreichen wir das blockübersäte Plateau zu Füßen der Punta di a Vacca Morta. Steinmännchen weisen nach rechts und leiten uns in knapp 15 Minuten durch einen etwas unübersichtlichen Hang mit Parallelwegen auf den aussichtsreichen Felskamm der **Punta di a Vacca Morta** (1314 m). Trotz der geringen Höhe ist die Aussicht weitreichend und schließt das Alta Rocca sowie im Osten das Becken rund um den Ospedale-Stausee ein.

Windzerzauste Kiefern bestimmen das Bild auf der Punta di a Vacca Morta.

Der Abstieg erfolgt am Grat, der an der Südseite des Gipfels abwärts zum Nebengipfel **Foce Alta** (1171 m) zieht. Hier treffen wir auf den orange markierten Weitwanderweg und folgen diesem in die Ortschaft **Cartalavone**, wobei wir durch ginsterbewachsene Hänge mit gleichmäßigem Gefälle abwärts wandern (2 Std.). Wir verlassen das Alta-Rocca-Dorf bei der Gîte d'Etape und wandern etwa 700 m auf der asphaltierten Straße nordwärts, bis in einer Rechtskurve nach links der beschilderte Forstpfad »**Sentier des Tafoni**« abzweigt (2:15 Std.).

Der Weg windet sich durch stattliche Kiefern hindurch, kommt an auffälligen Tafoni-Felsen vorbei, überquert mehrere kleine Wasserläufe und passiert das Forsthaus von Tavogna. Nach einer Serpentine mündet der uns schon bekannte Weitwanderweg Mare a Mare Sud ein (2:45 Std.), auf den wir nach rechts einschwenken und zum Col de Melo zurückwandern (3:15 Std.).

29 Zum Capu Pertusato

Einfache Küstenwanderung zur Südspitze Korsikas: Bonifacio –
Sémaphore de Pertusato – Capo Pertusato – Bonifacio   Karte: C8

 leicht

 9 km

 3 Std.

 ↑ 150 m ↓ 150 m

 ja

Tourencharakter: Leichte Streckenwanderung auf Schotterwegen, Macchienpfaden und Asphaltstraßen.
Beste Jahreszeit: Die Wanderung kann ganzjährig unternommen werden, sie ist jedoch im Frühjahr am reizvollsten, wenn die Macchie blüht.
Ausgangs-/Endpunkt: Bonifacio (90 m).
Wanderkarte: Ign 4255 OT, M=1:25 000.
Markierung: Wanderroute nicht unmittelbar markiert, hin und wieder Steinsäulen.
Verkehrsanbindung: Von Porto Vecchio über die N 198 nach Bonifacio; vom

Westen (Sartène) über die N 196; gebührenpflichtige Parkplätze vorhanden; in der Hauptsaison mit dem Auto die Altstadt meiden.
Einkehr: Zahlreiche Bars und Restaurants in Bonifacio.
Unterkunft: Hotels aller Kategorien in und um Bonifacio, Camping L'Araguina am Ortseingang; Camping des Iles an der Straße zur Étang de Piantarella.
Tourist-Info: Office de Tourisme Bonifacio, Place de l'Europe, Rue de deux Moulins, 20169 Bonifacio,
Tel. 0495/73 11 88, Fax 0495/65 14 09.

Bizarre Felsformationen, windzerzauste Garriguevegetation, die kleine Insel St-Antoine und herrliche Aussichten auf die Meerenge zwischen Korsika und Sardinien bilden die Zutaten zu dieser einfachen, aber interessanten Küstenwanderung, die unmittelbar in Bonifacio beginnt und am südlichsten Punkt Korsikas endet.

Der Wegverlauf

Die kühn auf den grellweißen Kalkfelsen erbaute Stadt **Bonifacio** an der Südspitze Korsikas bildet den Ausgangspunkt zu dieser einfachen Küstenwanderung, die einen völlig anderen Charakter zeigt als die Touren im Landesinneren. Direkt aus der Altstadt, die 90 m hoch über dem tosenden Meer thront, führt ein Treppenweg durch die alte Befestigungsanlage nach Osten zur tiefsten und schmalsten Senke der Landzunge. Von hier folgen wir dem Pfad, der

29

sogleich in das garriguebewachsene Gelände ansteigt. Unter uns liegt ein mächtiger Felsen, »**Sandkorn**« genannt, in der Brandung. Er ist einst von der Küstenlinie abgebrochen und wird vom Meer im Laufe der Zeit zu Kalkstaub zermahlen. Wir wandern die Küste entlang auf eine Kapelle zu, um danach etwas steiler auf den oberen Rand der Klippen aufzusteigen.

Dort folgen wir der Côte Accore und sehen nach Bonifacio zurück, das nun schon ein wenig in die Ferne gerückt ist. Eine Weile wandern wir leicht aufwärts und kommen nach etwa 25 Minuten zur asphaltierten Fahrstraße, die zum Leuchtturm führt. Wir müssen ihr ein wenig folgen, durchlaufen eine Senke und können nach einer Rechtskurve wieder auf den Wanderpfad zurückkehren.

Mauerreste rechts des Weges stammen von einer alten Geschützanlage, später kommen wir an der modernen Signalstation von Bonifacio, dem **Sémaphore de Pertusato**, vorbei (45 Min). Anschließend fällt das Gelände wiederum in eine Senke ab. Wir umgehen die Straßenschleife auf einem geradeaus verlaufenden Weg und sehen wenig später den Leuchtturm am Capu Pertusato vor uns aufragen. Nach etwas mehr als einenviertel Stunden haben wir die äußerste Südspitze Korsikas erreicht und stehen beim **Phare de Pertusato** hoch über der Meeresstraße. Rechts der Südspitze liegt die kleine Insel **Ile St-Antoine**, zu der knapp vor dem Leuchtturm ein Weg hinabführt. Der Abstecher von etwa 30–40 Minuten ist aus landschaftlicher Sicht äußerst empfehlenswert (2 Std.). Wir kehren am gleichen Weg nach Bonifacio zurück (3 Std.).

Die bizarre Kreideküste östlich von Bonifacio mit dem »Sandkorn«

30 GR 20, »fra i monti« – durch die Berge

Die klassische Durchquerung: Calenzana – Haut Asco – Col de Verghio – Vizzavona – Col de Verde – Bavella – Conca

anspr.

175 km

15 Tage

↑ 1000 m
↓ 1000 m

Der GR 20 ist an den charakteristischen weiß-roten Markierungen zu erkennen.

Der berühmteste, längste und schwierigste Weitwanderweg ist der GR 20 (Grand Randonnée), der mit 15 Etappen und insgesamt 175 km die Insel in Nord-Süd-Richtung durchquert und Calenzana in der Balagne mit Conca im Alta Rocca verbindet. Schon rasch nach der Errichtung der Route im Jahre 1972 wurde dieser Weg zur Institution und bekam Beinamen wie »Schönste Wanderroute der Welt«, »Schwierigster Bergpfad aller GRs« oder »König aller Bergwege«. Man vergleicht die erfolgreiche Begehung auch gerne mit einer Art Ehrenkodex, den jeder Bergwanderer ablegen muss um im Kreise der Alpinisten etwas zu gelten. Mittlerweile stellt der GR 20 mit knapp 12 000 Wanderern jährlich den meist begangenen Weg Frankreichs dar, wodurch die Hütten, aber auch die Wegtrasse stark in Mitleidenschaft gezogen wurden. Waldbrände haben vor allem der ersten und letzten Etappe arg zugesetzt. Doch nach wie vor schneidet der Pfad wie eine Diagonale durch den Parc Régional de la Corse und erschließt die schönsten Flecken der Insel wie Haut-Asco, Lac de Nino, Lac de Capitello, die Gipfel Incudine und Paglia Orba sowie die Felstürme von Bonifatu und Bavella. Daneben wird auch die gesamte Vielfalt der Landschaftsformen augenscheinlich, die Korsika so unvergleichlich macht.

30

Die Trasse des GR 20 ist mit weiß-roten Farbmarkierungen versehen, die die Orientierung im alpinen Gelände sehr erleichtern. Denn nicht überall ist eine deutliche Trasse ausgeprägt und die Route führt über nackten Fels. Ab und zu gibt es gelb markierte sogenannte Alpinvarianten, z. B. im Bereich der Bavella-Türme. Obwohl im Logbuch für den Weg zu lesen ist, dass »der Pfad rein technisch gesehen keine wirklich schwierigen Passagen aufweist«, ist er eindeutig als alpin und sportlich einzuschätzen, ja die Absolvierung erfordert Bergerfahrung, absolute Trittsicherheit und Schwindelfreiheit. Die Route lässt sich auch nur im Sommer begehen, normalerweise von Mitte Juni bis Anfang November. Die zentrale Gebirgskette, die zugleich Wasser- und Wetterscheide ist, wartet zu jeder Jahreszeit mit zahlreichen Überraschungen auf, wie Gewittern, heftigem Blitzschlag, anschwellenden Flüssen nach starken Regenfällen, aber auch Hitze und tiefen Nachttemperaturen selbst im Sommer.

Eine alpine Grundausrüstung für den GR 20 besteht aus: Trekkingschuhe, ein Rucksack mit zumindest 75 l Fassungsvermögen, Biwaksack, Regenschutz, Sonnenbrille, Wärmejacke, Wechselgewand, Sonnencreme, Kopfbedeckung, Erste-Hilfe-Paket, Notfalldecke, Taschenlampe, Trillerpfeife. Man muss beim Packen stets daran denken, dass der Rucksack über 10 000 Höhenmeter und zum Teil steile Felsanstiege bewegt werden muss. Natürlich ist eine sehr gute Fitness und physische wie auch psychische Konstitution absolute Voraussetzung zum Absolvieren der 15 Etappen.

Wanderer am Foce Finosa im südlichsten Abschnitt des Weitwanderwegs.

30

Übrigens: 50 % aller Wanderer müssen den GR 20 vorzeitig abbrechen, wobei natürlich auch die Wetterbedingungen eine Rolle spielen.

Es ist unerlässlich, sich genaue Routenbeschreibungen und Kartematerial zu besorgen; die hier vorgestellte Etappenbeschreibung soll lediglich die Route des GR 20 mit seinen Anforderungen, aber auch den Sehenswürdigkeiten skizzieren:

1. Etappe: Calenzana (275 m) – Refuge d'Ortu di u Piobbu (1570 m), 6 Std., 10 km; schwierig

Vom Balagne-Ort Calenzana geht es mit beträchtlichem Anstieg über die Kämme des Nordabfalles des Bonifatu-Gebirges. Dabei sind die Sattel Bocca a u Saltu (1250 m) und Bocca a u Bassiguellu (1486 m) zu überwinden. Die Refuge wurde auf einem abschüssigen, von Birkenwäldern umgebenen Felsabhang errichtet.

Gîte d'Etape Calenzana: 18 Schlafplätze, Zeltplätze, Tel. 0495/62 77 13.

Refuge Ortu di u Piobbu: Selbstversorgerhütte mit 30 Lagerplätzen.

GR 20 an den Wasserfällen der Cascades des Anglais nahe Vizzavona

2. Etappe: Ortu di u Piobbu (1570 m) – Refuge Carrozzu (1270 m), 6 Std., 8 km; schwierig

Der Pfad verläuft meist durch felsiges Gelände, aber ohne ausgesetzte Stellen, Aufstieg zum Bocca Piccaia (1950 m), zum Bocca d'Avartoli (1898 m) und zum Bocca Carozzu (1865 m) mit Tiefblick in den Bonifatu-Kessel.

Refuge Carrozzu, Selbstversorgerhütte mit 38 Lagerplätzen und Zeltplätzen in der Umgebung der Hütte; Getränkeverkauf im Sommer.

3. Etappe: Refuge Carrozzu – Refuge d'Asco (1422 m), 5 ½ Std., 7 km; mittel

Schlüsselstelle des GR 20 mit der Durchquerung des Spasimatakessels und Aufstieg zum Gipfel A Muvrella. Route führt am malerischen Gebirgssee Lac de a Muvrella vorbei. Abstieg über den Bocca a i Stagnu nach Haut Asco.

Refuge d'Asco Stagnu, Selbstversorgerhütte mit 30 Lagerplätzen; Hotel Le Chalet mit 25 Betten Tel. 0495/47 85 84 (geöffnet 15.5.–30.9.).

30

4. Etappe: Haut-Asco – Refuge de Tighiettu (1640 m), 6 Std., 8 km; sehr schwierig

Schwierigster Abschnitt des GR 20 durch die überwältigende Gebirgslandschaft des Kessels La Solitude, mit Leitern und Ketten gesicherter Weg, nur für klettergeübte und schwindelfreie Berggeher geeignet. Bis ins späte Frühjahr sind Pickel und Steigeisen notwendig. Überschreitung des Col du Perdu (2183 m) und des Bocca Minuta (2218 m).

Refuge de Tighiettu, Selbstversorgerhütte mit 48 Lagerplätzen.

5. Etappe: Tighiettu – Castel di Verghio (1404 m) 6 ¼ Std., 15 km; mittel

Höhenweg bis zur Refuge di i Mori, Abstieg durch das obere Golotal durch eine äußerst reizvolle Gebirgskulisse mit knorrigen Kiefern und Grobblöcken; Bergerie de Radule mit Käseverkauf im Sommer; Bademöglichkeit an der Cascade de Radule.

Refuge Ciottulu di i Mori (2000 m), Selbstversorgerhütte mit 26 Lagerplätzen;

Hotel Castel di Verghio mit 39 Zimmern und Restaurant/Bar, Tel. 0495/48 00 01.

Tipp – Highlights des GR 20

- Spasimata und Lac de A Muvrella (Etappe 2)
- Cirque de Solitude (Etappe 4)
- Das obere Golotal mit den Flussgumpen (Etappe 5)
- Der Gletschersee Lac de Nino (Etappe 6)
- Sonnenaufgang auf der Bergerie de Campanelle (Etappe 10)
- Das Plateau von Coscione am Weg zum Monte Incudine (Etappe 13)
- Die Bavellatürme (Etappe 14)
- Die wildreiche und ursprüngliche Landschaft rund um die Paliri-Hütte (Etappe 14)

6. Etappe: Verghio – Refuge de Manganu (1601 m) 6 Std., 14 km; mittel

Leichte Etappe mit wenig Steigungen in einer äußerst abwechslungsreichen Bergregion. Der Lac de Nino bildet den landschaftlichen Höhepunkt, Überschreitung des Bocca a Reta (1883 m).

Refuge de Manganu, Selbstversorgerhütte mit 26 Lagerplätzen.

7. Etappe: Manganu – Refuge de Petra Piana (1842 m) 7 Std., 10 km; schwierig

Zweite Königsetappe mit einem der schönsten Wegabschnitte. Die Route führt auf luftigen, teils ausgesetzten Graten hoch über Lac de Melo und Capitello; einzige Schwierigkeit ist die Überschreitung der Brèche de Capitello mit Fels- und Kletterstellen (2225 m), wo Trittsicherheit und Schwindelfreiheit erforderlich sind. Die Petra-Piana-Hütte liegt auf einem traumhaften Aussichtsplatz mit Blick zum Monte d'Oro.

Refuge de Petra Piana, Selbstversorgerhütte mit 28 Lagerplätzen.

30

8. Etappe: Petra Piana – Refuge de l'Onda (1430 m), 6 Std., 10 km; leicht
Zum ersten Mal seit Beginn erreicht der Weg Regionen unter 1000 Höhenmeter, es erfolgt der Abstieg ins Manganello-Tal, anschließend der Gegenanstieg zur Refuge de l'Onda; gelb markierte Alpinvariante vom Bocca Manganello über den Punto de Pinzi nach l'Onda. Käse- und Getränkeverkauf auf der Bergerie Tolla (Sommer).
Refuge de l'Onda, Selbstversorgerhütte mit 14 Lagerplätzen.

9. Etappe: l'Onda – Vizzavona (920 m) 6 Std., 10 km; mittel
Etappe im Bannkreis des Monte d'Oro mit Durchquerung des l'Agnone-Tales, zuletzt folgen die Cascades des Anglais, eine aufregende Flussstrecke mit Felsbecken, Wasserfällen und überspülten Grobblöcken. Unmarkierte Alpinvariante über den Monte d'Oro mit Kletterstellen des 2. Grades, verlängert die Etappe um 1 ½ Std. In Vizzavona endet der erste oder nördliche Teil des GR 20; Bahnanschluss nach Ajaccio, Bastia, Corte oder Calvi.
Vizzavona, Hotel-Restaurant I Laricci, 12 Zimmer, Tel. 0495/47 21 12, Hotel-Restaurant Monte d'Oro, 57 Zimmer, Tel. 0495/47 21 06 (1.5.–30.9.); Gîte d'Etape, Tel. 0495/47 25 27.

10. Etappe Vizzavona – Refuge Campanelle (1586 m), 6 ½ Std., 15 km; mittel
Vorwiegend in bewaldetem Gelände verlaufende Etappe mit dem Steilanstieg zum Bocca Palmente (1637 m), dann fast ebener Verlauf in Richtung Campanelle und Monte Renoso. Refuge Campanelle, Selbstversorgerhütte mit 15 Lagerplätzen, Hébergement randonneurs, 35 Schlafplätze, Tel. 0495/57 01 81 (10.5.–10.10.).

11. Etappe: Campanelle – Col de Verde (1289 m) 4 ½ Std., 12 km; mittel
Ebenfalls sehr leichte Etappe durch vorwiegend kühle Buchenwälder entlang der Hänge des Monte Renoso; als Variante kann der Monte Renoso bestiegen werden; die malerische Bergerie de Tragette liegen entlang dieser Etappe. Private Refuge Col de Verde, 22 Schlafplätze, Tel. 0495/24 46 82 (Juni–September).

12. Etappe: Col de Verde – Refuge d'Usciolu (1750 m), 7 ¼ Std., 15 km; schwierig
Eine der längsten Etappen des GR 20 in landschaftlich abwechslungsreichem Gelände mit sanften Wäldern, Hochebenen und der Querung von drei Pässen, Col de Prati (1840 m), Punta della Capella und Col du Brouillard (1950 m).
Refuge d'Usciolu, Selbstversorgerhütte mit 32 Lagerplätzen.

13. Etappe: Usciolu – Refuge d'Asinao (1540 m), 8 Std., 16 km; mittel

Diese Etappe beinhaltet die Überquerung des Monte Incudine, dem einzigen echten Gipfel entlang der klassischen Route des GR 20; weitläufige, sanftere Landschaft aus Weidegebieten, Wäldern und grasigen Berghängen; den Höhepunkt bildet der Gipfel des Incudine mit weitem Rundblick auf den südlichen Teil der Insel.

Refuge d'Asinao, Selbstversorgerhütte mit 30 Lagerplätzen.

14. Etappe: Asinao – Refuge de Paliri (1055 m), 6 ¹/₂ Std., 14 km; schwierig

Dieser Abschnitt führt durch das Gebirge der Bavella-Türme, die Hauptroute verläuft an den Hängen oberhalb des Asinao-Tales, die gelb markierte Alpinvariante durch die Turmlandschaft; zur Paliri-Hütte wird

der östliche Kamm des Bavella-Massivs mit dem Foce Finosa (1206 m) überquert; die Etappe kommt am Village de Bavella am Bavella-pass vorbei.

Der Anstieg zum Monte Incudine führt durch aufgelassenes Almgebiet.

Col de Bavella, Gîte d'Etape, Auberge de Bavella mit 24 Betten, Tel. 0495/57 43 87, Gîte Les Aiguilles de Bavella mit 16 Betten, Tel. 0495/57 46 06.

Refuge de Paliri, Selbstversorgerhütte mit 20 Lagerplätzen.

15. Etappe: Paliri – Conca (252 m), 5 ¹/₂ Std., 12 km; mittel–leicht

Schlussetappe durch die südöstliche Gebirgslandschaft, abwechslungsreiche Strecke mit Abstieg ins Tal.

Conca, Camping municipal, Tel. 0495/71 42 55, Hotel San Pasquale, 6 Zimmer, Tel. 0495/71 56 13. Gîte d'Etape, 30 Schlafplätze, Tel. 0495/71 46 55.

*S. 114/115:
Eines der
schönsten
Motive der
korsischen
Bergwelt:
der Lac de
Capitello
im oberen
Restonicatal*

▶ AJACCIO

Höhe: 25 m   Karte: B6
Einwohnerzahl: 65 000

Lage: Ajaccio nimmt seit 500 Jahren einen bedeutenden Platz an der Nordseite der Côte Occidental, der Westküste Korsikas ein. Es liegt am gleichnamigen Golf, der als einer der schönsten des Mittelmeerraumes bezeichnet wird. Vor der weit ins Meer auslaufenden Landzunge an der Nordseite des Golfs schließen die Îles Sanguinaires die Bucht ab.

Anreise: Auf der N 193 von Bastia (153 km), Calvi (163 km) und Corte (83 km), auf der N 196 von Bonifacio (140 km) und Porto Vecchio (133 km); Eisenbahnanschluss nach Corte, Bastia und Calvi.

Geschichte: Manche Geschichtsschreiber vermuten die Anfänge der Stadt schon zur Zeit der Griechen, während sie bei anderen aus einem römischen Militärlager entstanden ist. Als echte Stadt begann Ajaccio jedoch erst nach 1492 zu existieren, als Familien aus Genua hierher zogen, um die günstige Lage und das angenehme Klima zu nutzen. Um 1553 wurde von Sampiero Corso auf den Grundmauern der ehemaligen genuesischen Festung die Zitadelle errichtet, die jedoch 1559 von der genuesischen Republik zurückerobert wurde. 1592 erhielten die Einwohner das Bürgerrecht, das Stadtgebiet wuchs stetig an. Als am 15. August 1769 Napoleon in Ajaccio geboren wurde, veränderte sich die Geschichte der Stadt nachhaltig. 1811 machte Napoleon Ajaccio anstelle von Bastia zur Hauptstadt, weil er die günstigere und nähere Lage des Hafens zu Marseille und Toulon als strategischen Vorteil zu Festland-Frankreich einschätzte.

Sehenswert: Königspalmen säumen die Boulevards und Hafenpromenaden der Hauptstadt Korsikas und zeugen vom Glanz, der Ajaccio umfängt. Das südliche Flair und der Prunk in den Boulevards wie dem **Cours Napoléon** überrascht, denn von weitem scheint die Stadt nur aus Wohnhäusern und Hafenanlagen zu bestehen. Doch im Stadtkern pulsiert das Leben, in den fröhlichen Altstadtgassen oder am mondänen **Place Foch**, der wegen seiner Palmen auch Place des Palmiers genannt wird. Warme Farben zwischen Ocker, Lachsrot, Gelb und Orange lassen die Fassaden der Häuser leuchten, die von breiten Boulevards mit Straßencafés, klassizistischen Prachtbauten und einigen Museen begleitet werden. Ajaccio ist eine moderne, aufstrebende Stadt, die jedoch viel Wert darauf legt, das Andenken Napoleons sowie der damit verbundenen Geschichte allerorts aufleben zu lassen.

Das **Grand Café Napoléon** (Tel. 0495/21 42 54) am Cours Napoléon ist eines jener romantischen Restaurants, in dem man noch bei Kerzenschein und Pianomusik speisen kann. Das beste Restaurant der Stadt ist das A la Funtana in der Rue Notre Dame 9. Der Küchenchef Emanuel bietet zahlreiche Menüs höchster Kategorie. Zur absoluten Spezialität zählen die gegrillte Lammnuss auf Thymian sowie die Morcheln mit Gänseleber (Tel. 0495/21 78 04).

Ein Stadtrundgang beginnt am besten am **Square César Campinchi**, dem zentralen Platz nahe dem Port de Pêche, wo allmorgendlich außer montags ein bunter Markt das Leben in Gang bringt. Über die nahe gelegene, mit Platanen bepflanzte **Place Maréchal Foch** mit der Napoleonstatue schlendert man weiter in Richtung **Zitadelle** und kann dabei die prächtigen Fassaden in der **Rue Bonaparte** bewundern.

An der Zitadelle vorbei, die immer noch der Sitz des Militärs ist, zieht man weiter zur Place **Général de Gaulle**, die zwischen Altstadt und den neuen Vierteln im Westen liegt. Der mondäne Platz präsentiert sich als Terrasse mit Blick auf den Golf und wird von Cafés, dem Casino sowie dem Kongressgebäude umgeben. Am Südende schließt das Reiterstandbild Napoleons dieses städtische Zentrum ab, das zum beliebten Treffpunkt der Einheimischen geworden ist. Gleich dahinter stößt man auf Ajaccios schöne **Cathédrale**. Die Ajacciens benennen sie zärtlich mit dem Namen der Schutzpatronin 'Madunuccia, die kleine Madonna'. Das Hauptschiff wird an jeder Seite von drei Kapellen flankiert, die überaus kunstvoll geschmückt sind. Am 15. August 1969 verließ eine Hochschwangere namens Letizia voller Eile noch während der Messe die Kathedrale, um durch die **Rue Saint Charles** nach Hause zu kommen, wo sie ihren Sohn Napoleon gebar. Das Geburtshaus Napoleons, das **Maison Bonaparte** am Place Letizia (geöffnet Mai–September 9.00–12.00, 14.00–18.00 Uhr, sonst bis 17.00 Uhr), beherbergt heute ein interessantes Museum, in dem alte Gemälde, Mobiliar, Schwerter, Münzen und selbst die Räume von Napoleons Geschichte erzählen.

Auch Napoleons Onkel, Kardinal Fesch, hat in Ajaccio Spuren hinterlassen. Durch die elegante **Rue Fesch** des stimmungsvollen Hafenviertels Borgo, in der viele kleine Boutiquen zum Shoppen verführen, gelangt man zum **Musée Fesch**. Wieder überrascht Ajaccio, denn wer hätte vermutet, dass diese Stadt ein so eindrucksvolles klassizistisches Museumsgebäude mit einer so repräsentativen Sammlung zu bieten hat? Es ist im ersten Stock des Palais Fesch untergebracht und besitzt nach dem Louvre die größte Sammlung italienischer Kunst in Frankreich. Auch französische, flämische, spanische und holländische Meister sind hier zu bewundern. Wer alle Säle aufmerksam betrachtet, kann zum Beispiel die Entwicklung der Malerei vom frühen 15. bis zum 19. Jh. verfolgen (geöffnet im Sommer Di–Sa 9.00–12.00, 15.00–19.00 Uhr, sonst 9.00–12.00, 14.30–18.00 Uhr). Die Ausstellung ist nach Themen geordnet: religiöse Darstellungen, Portraits, Landschaften und Stillleben.

▶ ALÉRIA

Höhe: 50 m	*Karte: E5*
Einwohnerzahl: 2150	

Lage: Aléria liegt an der Ostküste nahe der Mündung des Tavignano in einem der flachsten Bereiche der Insel. Durch das Zusammentreffen der N 198 aus Bastia und Portzo-Vecchio mit der Route N 200 nach Corte ist Aléria heute ein wichtiger Verkehrsknotenpunkt. In der Umgebung befinden sich die Sümpfe von Diana und Urbino, die zum Teil Vogelschutzgebiete sind.

Anreise: N 198 von Bastia (70 km) und Porto-Vecchio (73 km), N 200 von Corte (50 km).

Geschichte: In früherer Zeit war Aléria, das zuerst Alalia hieß, die Hauptstadt Korsikas. Die erste Besiedelung liegt mehr als 7000 Jahre zurück. Um 565 v. Chr. gründeten die griechischen Phokäer die Handelskolonie Alalia, ehe die Stadt nach einer zwischenzeitlichen Kontrolle der Karthager von den Römern erobert wurde. Cornelius Scipio gab ihr 259 v. Chr. den Namen Aléria und begann von hier aus die Eroberung der Insel. 81 v. Chr. wandelte Sulla die Stadt in ein Militärlager um, später wurde der Etang de Diana unter Augustus zum Flottenstützpunkt. Zu dieser Zeit dürfte Aléria 20 000 Einwohner beherbergt haben. Anfang des 5. Jhs. n. Chr. wurde es wegen der stark zunehmenden Malaria verlassen und verfiel in die Bedeutungslosigkeit. Nach mehreren zwischenzeitlichen Besiedelungsversuchen durch Genuesen und Sarazenen vom 13. bis zum 16. Jh., wurde es erst im 19. Jh. nach dem Trockenlegen der Sümpfe wieder bevölkert.

Sehenswert: Die größte Sehenswürdigkeit sind die römischen Ausgrabungen etwa 2 km südlich des Zentrums sowie das archäologische Museum. Die Ausgrabungen der römischen Stadt können in einem Freilichtmuseum besichtigt werden. Seit 1920 werden auf einer kleinen Anhöhe südlich des Tavignano-Tales die Reste des antiken Aléria freigelegt. Die Fundstätte ist 1500 m lang und 600 m breit, teilt

Aléria stellt die einzigen Überreste des römischen Reiches auf Korsika dar.

sich in Forum, Prätorium und die Badeanlagen. Man betritt die Ausgrabung durch die ehemalige **Porta Praetoria** aus dem 1. Jh. v. Chr. und gelangt zum trapezförmigen Marktplatz, dem **Forum**, der von Säulengängen aus Ziegelsteinen umgeben ist. An der Südseite befanden sich entlang dem südlichen Portikus das Geschäfte. Rechts davon befindet sich das **Prätorium**, das die Residenz des Statthalters war und bis ins 6. Jh. n. Chr. ununterbrochen bewohnt war. Nördlich des Prätoriums hatte man die Badeanlagen (**Balneum**) mit Wasserbecken, beheizten Baderäumen und einer antiken Heizung eingerichtet (geöffnet tägl. 10.00–18.00 Uhr).

▶ ASCO-TAL

Höhe: 620–1442 m	Karte: C3
Einwohnerzahl: 100	Wanderung: 4

Lage: Das Asco-Tal beginnt 3 km nördlich von Ponte Leccia und verläuft in westlicher Richtung dem Asco-Fluss entlang in die zentrale Bergwelt. In der Mitte des Tales befindet sich auf 620 m das Bergdorf Asco.

Anreise: Die Talstraße D 147 zweigt 3 km nördlich von Ponte Leccia von der N 197 Calvi-Corte ab; 15 km bis Asco und 28 km bis Haut-Asco.

Sehenswert: Die Landschaft des Tals stellt die größte Sehenswürdigkeit dar. Eingebettet zwischen den Bergketten der Tartagine im Norden und des Monte Cinto im Süden treffen wir eine traumhafte Gebirgswelt an, in die

> **Tipp**
>
> **Camping Monte Cinto** im hinteren Asco-Tal, 6 km vor Haut Asco. Reizvoller Platz mit schattigem Terrain unter Laricio-Kiefern in Bachnähe; im Sommer mit Bar-Restaurant, kleinem Geschäft und Gasverkauf; Wohnmobile sind willkommen (Tel. 0495/47 84 48).

Das Bergdorf Asco gilt als Zentrum der Honigproduktion.

sich der Wildbach tief eingeschnitten hat. Am Talausgang empfängt einen die enge, aus Granitfelsen bestehende Schlucht **Gorges de l'Asco**, durch die sich die Straße taleinwärts windet. Oberhalb des schmalen Verkehrsweges steigen die Felswände fast senkrecht 1000 m an. Zum besonderen Vergnügen gehört ein Bad in einem der zahllosen Felsbecken, die der Bach zwischen den Felsblöcken aushöhlt.

Das Hirtendörfchen **Asco** schmiegt sich, von zahlreichen Kulterrassen umgeben, hoch über dem Fluss an den Nordhang des Tales. Neben der Landwirtschaft mit Kuh- und Ziegenherden zählt die Honigproduktion zum wichtigsten Wirtschaftszweig, dem vor allem die vielen Ginsterbüsche zugute kommen. Zahllose Bienenkästen, die sowohl entlang der Straße, als auch in den Wäldern und auf den Hangterrassen aufgestellt werden, deuten schon bei der Anfahrt ins Tal darauf hin. Die Herstellung von Käse bildet eine weitere Einnahmequelle des Ortes. Dazu kommt die Fertigung von entsprechenden Löffeln und Gefäßen, die die Hirten aus dem Holz des Zedern-Wacholders schnitzten. Dieser wächst in größeren Beständen in der Nähe des Dorfes.

In den letzten Jahren hielt auch im Asco-Tal der Fremdenverkehr Einzug, der mit dem Bau der Skistation am Talschluss und des Campingplatzes 8 km westlich von Asco wichtige Anreize bekam. Die Skistation **Haut-Asco** liegt am Talschluss und besitzt lediglich ein paar Skihütten (Chalets), ein Hotel-Restaurant und eine Refuge zum Übernachten und Verpflegen. Von Dezember bis April befördert ein Skilift die Gäste durch das westlich anschließende Karttal.

 BALAGNE

Höhe: 5–500 m	*Karte: B/C 3*
	Wanderung: 5

Die **Balagne**, an der Nordwestküste Korsikas gelegen, zählt zu den beschaulichsten Landschaften der Insel. Sie erstreckt sich im wesentlichen an der Küste zwischen Calvi und L'Ile Rousse entlang und

reicht etwa 10 km ins Landesinnere. Das hügelige Gelände
wird von mehreren Flusstälern
wie Fango, Grosso, Figarella,
Regino oder Ostriconi durch-
zogen. Die Küstengebiete sind
mit Ausnahme der Bucht von
Calvi wenig erschlossen, vor allem westlich von Calvi, wo sich
die Balagne Désert, ein Misch-
gebiet aus Acker- und Wald-
landschaften, bis Galéria er-

streckt. Das eigentliche Herz der Balagne ist aber das uralte Sied-   *Die Balagne*
lungsgebiet zwischen Algajola und Belgodere, in dem bereits zur
Etruskerzeit die ersten Dörfer entstanden. Später kamen Phönizier,
Griechen und Römer und ließen sich auf dem fruchtbaren Landstrei-
fen nieder. Bereits im 12. Jh. wird von Weizen-, Getreide- und vor allem Weinanbau berichtet, der der Balagne rasch zu Ansehen und ihr
Reichtum verhalf und den Beinamen »Garten Korsikas« einbrachte.
Zu dieser Zeit entstanden auch zahlreiche Kirchen, die heute noch
das Landschaftsbild der Region prägen.

Neben den Obst- und Olivenbaumhainen begeistert die Balagne vor
allem durch zahlreiche liebliche Ortschaften, die über kleine Nebenstraßen, aber auch alte Saumpfade miteinander verbunden sind. Das
erste Dorf östlich von Calvi ist **Lumio**, das mit seinem schlanken
Campanile inmitten der Olivenhaine auffällt. Im Hinterland von
Calvi hat **Calenzana** als Ausgangspunkt der Weitwanderwege GR 20
und Tra Mare e Monti-Nord auf sich aufmerksam gemacht. 1732
kämpften hier die korsischen Partisanen gegen eine Gruppe deut-
scher Soldaten, die im Dienste Genuas standen. Etwa 1 km vom Ort
entfernt befindet sich inmitten von Ölbaumhainen die bedeutende
Eglise Ste-Restitute. Sie ist die letzte Ruhestätte der auf Korsika ver-
ehrten hl. Restituta, die im Jahre 303 den Märtyrertod erlitt. Am Os-
termontag und am Sonntag nach dem 21. Mai finden hier traditionelle Prozessionen statt.

Das hoch über den Ölbaumhainen des Vallée du Prato gelegene
Dorf **Belgodère** im Osten der Balagne, 15 km von L'Ile Rousse entfernt, gehörte lange der toskanischen Adelsfamilie Malaspina. Der
größte Ort der Balagne liegt auf einem 310 m hohen Hügel mit

schönster Aussichtslage auf die Nordwestküste Korsikas. Im Dorf ist vor allem die Pfarrkirche mit dem barocken Altar sehenswert, aber auch die zum Teil verfallene Festungsanlage, von der man einen herrlichen Blick über die östliche Balagne genießt.

11 km östlich von Calenzana sprudelt die **Zilia-Quelle** aus den Hängen des Monte Grosso. Das Wasser wird in Flaschen gefüllt und als Mineralwasser auf der ganzen Insel verkauft. Man kann die Abfüllung nach telefonischer Vereinbarung besichtigen (Tel. 0495/65 90 70).

Speloncato nimmt mit knapp 250 Einwohnern einen Sonnenbalkon in 600 m Höhe am Fuße des Monte Tolo (1332 m) ein. Es stellt ohne Zweifel eines der schönsten Balagnedörfer dar. Nachdem man sich über die zahllosen Straßenschlingen der D 71 von Muro kommend in den Ort vorgearbeitet hat, fallen sofort die engen und charmanten Gassen zwischen den dicht an die Hänge gepackten Steinhäusern auf.

 BASTIA

Höhe: 10–50 m	Karte: D2
Einwohnerzahl: 50 000	

Lage: Korsikas wichtigste Handels- und Verkehrsstadt mit dem großen Fährhafen liegt an der Nordostküste am Übergang der Hauptinsel zum Cap Corse und am Nordrand der Ebene von Biguglia. Es besitzt einen der drei größeren Flughäfen der Insel, doch die Bedeutung ist im Fährhafen zu finden, an dem jährlich knapp 2 Mio. Reisende ankommen. In Europa empfängt nur der Hafen von Calais mehr Gäste.

Anreise: Von Calvi über die N 197 und D 81 (93 km), von Corte auf der N 193 (70 km), von Aléria auf der N 198 (70 km); Ajaccio liegt 155 km entfernt; Bahnanschluss nach Ajaccio und Calvi.

Geschichte: Erste Besiedelungen begannen bereits zur Zeit der Römer, doch eine dauerhafte Stadt wird erst 1372 erwähnt, als die genuesischen Machthaber ihren Sitz vom malariageschädigten Château de Biguglia in Richtung Bastia verlegten. Sie machten sich die felsigen Landvorsprünge am Nordrand der Lagune zunutze und errichteten die Festungsanlage. 1452 wurde die Festungsstadt zur Hauptstadt Korsikas und zum Sitz der genuesischen Regentschaft. Im 17. und 18. Jh. erhielt Bastia durch den Bau zahlreicher Wohngebäude das Aussehen einer italienischen Stadt. 1764 fiel es an Frankreich, ohne jedoch sein italienisches Gepräge zu verlieren. Am Ende des 18. Jhs. eroberte Admiral Nelson nach zweimonatiger Belagerung

Das Restaurant **U Marinaru** am alten Hafen ist eines jener Lokale, die von den Bastianern selbst geschätzt werden. Natürlich gehören die Fischgerichte zu den bevorzugten Speisen. Versuchen Sie den pot-au-feu mit Meeresfrüchten (Tel. 0495/32 45 99, sonntags geschlossen).

die Stadt, anschließend regierten die Briten für zwei Jahre. Napoleon gewann es zurück, es musste aber 1811 den Status als Provinzhauptstadt Korsikas an Ajaccio abtreten.

Sehenswert: Die meisten Reisenden betreten in Bastia zum ersten Mal korsischen Boden, denn hier legen die meisten Fährschiffe vom italienischen Festland kommend an. Doch als bloße Durchgangsstation hat die Stadt zu viel zu bieten. Es wartet mit einem liebenswerten Cocktail aus barocker Baukunst, mediterraner Hafenstadtatmosphäre und einem aktiven Kulturleben auf.

Eine Entdeckungstour beginnt man am besten an der **Place Saint Nicolas** in der Nähe des neuen Hafens. Der riesige, im Vergleich mit der restlichen Stadt vielleicht zu große Platz liegt ganz in der Nähe zum Fährhafen und empfängt die Ankommenden mit Platanen und Palmen, unter denen gemütliche Cafés einladen. Während sich am Nordende ein Kriegsdenkmal erhebt, ist am Südende eine Napoleonstatue zu sehen. Parallel zur Längsseite verlaufen **Blvd Général de Gaulle** sowie der **Blvd Paoli**, zwei der wichtigsten Geschäftsstraßen der Stadt. An der Westseite befindet sich das sehenswerte **Maison Mattei**, in dem seit 1872 der berühmte korsische Aperitif neben anderen Spirituosen erzeugt wird. Auch der Verkaufsraum stammt aus dem 19. Jh. und blieb bis heute originalgetreu erhalten.

Auf Schritt und Tritt begegnet man in Bastia Kirchen und Kapellen, deren schlichtes Äußeres nicht erahnen lässt, mit welch überbordender Pracht sie im Inneren geschmückt sind. Die Barockkunst hat vor allem auch im alten Hafenviertel **Terra Vecchia** schöne Blüten getrieben. In der **Rue Napoléon** etwa lohnt sich ein Besuch der Kapelle **Saint Roch** sowie der **Kapelle der Unbefleckten Empfängnis**. Der einstige Fischerhafen **Porto Cardo** wird von zwei felsigen Landzungen umschlossen, in der Senke dazwischen hat sich die einstige Stadt mit den charakteristischen engen Gässchen und italienisch anmutenden Häusern gebildet. Leider wirken viele von ihnen verfallen, mit abblätterndem Putz und abbröckelnden Fassaden. Das Hôtel de Ville wurde als einziges Gebäude renoviert, dient aber heute nur noch Hochzeiten als historisches Ambiente. Wer die lebhafte Atmosphäre eines bunten Marktes bevorzugt, kann am **Place Hôtel de Ville** allmorgendlich am

Bauern- und Kunsthandwerksmarkt teilhaben. Besonders malerisch spiegelt sich die Fassade der zweitürmigen **Église St-Jean-Baptiste** im Hafenbecken, die das Wahrzeichen Bastias bildet. Die Fassade ist im Stil des Ligurischen Barock errichtet, im Inneren zieht der monumentale Hochaltar aus polychromem Marmor die Blicke auf sich.

Enge Gassen führen in Bastia vom Hafen ins Zentrum. Der alte Hafen gilt generell als Geheimtipp für verbummelte Stunden. Während die Fischerboote an der Mole schaukeln, genießt man eine Erfrischung in einem der kleinen Cafés, darüber leuchten die farbenfrohen Fassaden des Zitadellenviertels herab.

Eine Treppe führt aus dem Hafenviertel zur **Zitadelle**, dem südlich anschließenden Viertel **Terra Nova**, dessen Festungsmauern zwischen 1480 und 1521 entstanden. Innerhalb des festungsbewehren Quartiers locken die im Louis-Quinze-Stil geschmückte **Kapelle Sainte Croix** und die ehemalige **Kathedrale Sainte Marie** Gläubige und Reisende gleichermaßen an. Prächtige Wandmalereien, reichhaltiges Stuckwerk, eine wunderschöne Orgel, der marmorne Altar und das herrliche Chorgestühl beweisen den Überschwang der Barockkunst. Zu den wertvollsten Kunstwerken Sainte Maries gehört die silberne Figur Maria Himmelfahrt, die alljährlich am 15. August während einer feierlichen Prozession durch die Straßen getragen wird. Am **Place du Donjon** befindet sich das Korsische Volkskunstmuseum **Musée d'Ethnographie Corse** (geöffnet im Sommer 9.00–12.00, 14.00–20.00 Uhr, Mai, Juni bis 19.00, sonst bis 18.00 Uhr), das sich mit der Geologie, Flora, Fauna, Geschichte, Folklore und Wirtschaft der Insel befasst.

▶ ## BAVELLA-MASSIV

Höhe: 1317–1855 m	Karte: C/D 6
	Wanderung: 24, 25, 26

Anreise: Über die D 268 von Porto-Vecchio oder aus dem Norden von Solenzara zur Passhöhe.

Sehenswert: Das bizarre **Bavella-Massiv** schließt das Alta Rocco gegen Norden ab und bildet eine der faszinierendsten korsischen Landschaften. Nur 10 km vom Alta-Rocca-Dörfchen **Zonza** entfernt, tritt überall das schroffe Gebirgsskelett aus dem zuvor lieblich anmutenden Forêt d'Aitone. Die Felsnadeln der Bavella-Türme, **Aiguilles de Bavella**, werden aus Granit und Porphyr aufgebaut, Gesteine, die sich mit ihrer braunroten Färbung malerisch vom dunklen Grün der umgebenden Wälder abheben. Sie blieben erhalten, weil sie während der Eiszeit nicht von Gletscherströmen überflossen wurden, denn die geschlossene Vergletscherung endete im Bereich des nahe gelegenen Monte Inducine. Man unterscheidet insgesamt sechs Türme die sich in einem weiten Bogen am Asinaotal entlangziehen. Das Bavella-Massiv dient auch den Mufflons als Lebensraum, die entlang der Steilhänge ihre Kletterkünste vollziehen. Die spaltenreichen Felstürme locken den gesamten Sommer über Felskletterer an, die sich an den bis zum VI. Schwierigkeitsgrad reichenden Touren erfreuen.

Die meisten Touristen bleiben jedoch im Bereich des Passes, wo einige Bars und die Gîte d'Etape für das leibliche Wohl sorgen. Seit 1954 ragt unmittelbar neben dem großen Parkplatz die schneeweiße Statue der **Notre-Dame des-Neiges** auf, bei der sich jedes Jahr am 5. August Pilgerscharen versammeln.

▶ BONIFACIO

Höhe: 60 m	*Karte: C8*
Einwohnerzahl: 2800	*Wanderung: 29*

Lage: Bonifacio liegt an der Südspitze Korsikas nahe dem Capo Pertusato. Nur 12 km trennen das 'korsische Gibraltar' von der Nordspitze Sardiniens. Die Meeresstraße wird von einer Kette aus kleinen Inseln durchsetzt, die der Schifffahrt seit jeher Probleme verursachte. Leuchttürme entlang der Küste ermöglichen eine kontinuierliche Überwachung. 1993 hat man aber die Durchfahrt für Öltanker verboten. Etwas südöstlich ragt das Capo Pertusato mit der Ile Ste-Antoine, die südlichste Spitze Korsikas, in die Straße von Bonifacio.

Anreise: Von Sartène auf der N 196 (54 km), von Porto-Vecchio auf der N 198 (27 km); Ajaccio ist 132 km, Bastia 153 km und Calvi 228 km entfernt.

Geschichte: Bonifacio war bereits zu den Zeiten von Odysseus und Homer im Mittelmeerraum bekannt. Während Odysseus zu den frühesten Besuchern gezählt haben soll, schrieb Homer bereits Lobeshymnen über den Naturhafen und pries ihn als vortrefflich geschützte und durch schroffe Felsen abgeschirmte Bucht. Schon vor fast 9000 Jahren müssen hier Menschen gelebt haben, schenkt man dem Radiocarbontest Glauben, mit dem man das 1972 gefundene Skelett der »Dame von Bonifacio« untersucht hat. Die Stadt nahm erst 828 ihren Anfang, als der toskanische Graf Bonifacio eine Festung gegen die Sarazenen errichten ließ und sich die Lage dieses Naturhafens zunutze machte. Er soll der Stadt auch den Namen gegeben haben. Später bauten die Genuesen die Zitadelle zu einer mächtigen Festung aus. Sie hatten 1196 die Pisaner durch eine List entmachtet und die Bevölkerung von Bonifacio vertrieben. Zwei denkwürdige Belagerungen zeugen von dem nicht nachlassenden Interesse an diesem, für die Kontrolle des östlichen Mittelmeerraumes äußerst wichtigen Stützpunkt. 1420 versuchten die Truppen von König Alfons von Aragon vergeblich die Genuesen fünf Monate lang auszuhungern, als der Papst Korsika den Spaniern zuordnete. Aus dieser Zeit stammt die Stiege des König von Aragon **Escalier du Roi d'Aragon**, die die Spanier in nur einer Nacht mit 187 Stufen vom Meer aus zur Oberstadt hinauf in den Fels gehauen haben sollen. Auch die mit den Türken verbündeten Franzosen unter der Führung von Sampiero Corso konnten 1553 die Oberstadt nur vorübergehend besetzen. Bonifacio hielt den Angriffen Stand und kam 1559 nach dem Friedensvertrag von Cateau-Cambrésis wieder an die Genueser zurück. Bis 1769, als Korsika an die Franzosen fiel, bestand hier eine politische und kulturelle Enklave.

Eine der kühnsten Städte des Mittelmeerraumes, Bonifacio mit der Zitadelle.

Sehenswert: Bonifacio besticht durch seine einzigartige Lage und ist eine Stadt auf zwei Ebenen. In der Oberstadt oder Altstadt (**Vieille Ville**) kleben die Häuser wie Niststätten wilder Vögel an den Felsen der blendend weißen Steilküste, die mehr als 60 Meter ins Meer abstürzt und als schützender Sporn die landeinwärts liegende Bucht abschirmt. Dort ist auf Meereshöhe der Hafen entstanden, der weltweit seinesgleichen sucht und in früherer Zeit als gefürchtet und uneinnehmbar galt. Die Oberstadt wird fast zur Gänze von der mächtigen Festung der Zitadelle umschlossen, die mit zwei Toren Einlass in die Stadt gewährt. Durch die **Porte de Gênes** an der Ostseite, die im 16. Jh. durch eine Zugbrücke gesichert war, kann man die Stadt nur

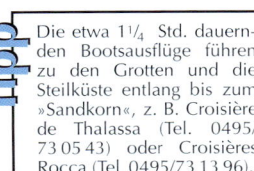

Die etwa 1¹/₄ Std. dauern-
den Bootsausflüge führen
zu den Grotten und die
Steilküste entlang bis zum
»Sandkorn«, z. B. Croisière
de Thalassa (Tel. 0495/
73 05 43) oder Croisières
Rocca (Tel. 0495/73 13 96).

zu Fuß betreten, während die 1854 errichtete **Porte de France** an der Nordseite auch für den Autoverkehr geöffnet
ist. An der Nordseite sind noch Teile
der Bastion de l'Etendard erhalten, die
zur Festungsanlage von 1553 gehörte.

Oberstadt

Einen Rundgang durch die Oberstadt beginnt man am besten bei der
Porte de Gênes, die an der Ostseite zuerst auf den **Place d'Armes** mit
der Kirche Saint-Erasme führt. Kleine Cafés prägen den Platz, auf
dem sich wohl zwei jener Boules-Bahnen Frankreichs mit der
schönsten Aussicht befinden. Früher übten hier die Truppen das Exer-
zieren. Eine kleine Treppe führt zu einem Aussichtspunkt innerhalb
der Bastion, der einen schwindelerregenden Blick auf die Steilküste
mit dem »Grain de Sable«, dem 30 m hohen Felsen, ermöglicht. Etwas südlicher befindet sich nach der Rue du Portone der **Place du
Marché** und der **Place Manichella**, die einen Blick nach Süden erlauben. Bei klarem Wetter wirkt hier Sardinien zum Greifen nahe. Vom
Place d'Armes führt die einstige Hauptstraße der Oberstadt, die **Rue
des Deux Empereurs**, benannt nach Charles V. (1541) und Napoleon I. (1793), in die Altstadt. Noch heute erinnern Schilder an den Häusern Nr. 4 und 7 an den Aufenthalt der beiden Herrscher. Den Mittel-
punkt der Oberstadt bildet die **Kathedrale Sainte-Marie-Majeure** in
der Rue Archivolto. Die im 14. Jh. begonnene Kirche fällt durch ihren
eckigen Glockenturm und die klassizistischen Portale aus dem Jahr
1879 auf. Im Inneren kann man einen römischen Sarkophag aus dem
3. Jh. sehen. Im weiteren Verlauf reihen sich entlang der **Rue Archivolto** die meisten Läden und Boutiquen, die sich im Zuge des Tourismus
einen geschäftsträchtigen Platz erkämpfen konnten. Bei der **Kirche
Saint-Jean-Baptiste**, an der die beeindruckende Karfreitagsprozession
beginnt, trifft man auf den Place Bonaparte, wo eine kleine Gasse
nach rechts zur Terrasse mit der **Escalier du Roi d'Aragon** führt.

Unterstadt und Bootstouren

Der **Hafen** und die **Unterstadt** gehören dem Tourismus. Hier befinden sich zahllose Restaurants, Bars, Boutiquen und Hotels, die zum
Teil zu den teuersten Korsikas gehören. In einer Höhle am Südhafen
hat man das interessante **Aquarium** (April–Okt. tägl. 10.00–21.00

Uhr) eingerichtet, das in 13 Becken eine vollständige Übersicht der korsischen Meeresfauna präsentiert. An der östlichen Mole ankern unzählige Tourenboote, die tagsüber (8.30–17.30 Uhr) wie ein rastloser Bienenschwarm durch die 1600 m lange Bucht **Goulet de Bonifacio** zum offene Meer hinausfahren. Vom Boot aus erhält man wunderschöne Blicke auf die Zitadelle und die Oberstadt.

Man fährt zuerst zur westlich von Bonifacio gelegenen **Grotte du Sdragonato** und anschließend zur **Grotte Ste-Antoine** unterhalb der Westspitze.

▶ CALACUCCIA

Höhe: 847 m	Karte: C4
Einwohnerzahl: 320	Wanderung: 16, 17, 18

Calacuccia bildet das Zentrum des Niolu, einem weiten Hochtal am Oberlauf des Golo. Es liegt oberhalb des Stausees Lac de Calacuccia, der der Bewässerung der Küstenebene dient. Er fasst 25 Mio. m³ Wasser und wird von einer 74 m hohen und 256 m breiten Mauer abgeschlossen. Die ostwärts anschließende Schlucht des Golo, **Scala di Santa Regina**, die von der D 84 durchquert wird, gehört zu den engsten und bizarrsten Flussabschnitten der Insel. Auf nur 20 km überwindet der Fluss einen Höhenunterschied von 500 Metern.

Im Zentrum des Niolu befindet sich der Stausee von Calacuccia. Calacuccia erlangte heute vor allem bei den Wanderern als Ausgangspunkt zum Monte Cinto und zu anderen Touren in die umgebende Bergwelt große Bedeutung. Südlich des Stausees beginnt der Aufstieg zur Refuge de Sega, von wo man ins Tavignano-Tal und nach Corte gelangt. In der Peter- und Paulskirche kann eine hölzerne Christusfigur besichtigt werden.

Drei Kilometer westlich folgt mit **Albertacce** der zweite größere Ort des Hochtals, das neben zwei gemütlichen Bars das **Musée d'Albert-acce** (→ **Wanderung 17**) besitzt. Gegenüber des Stausees schmiegt sich die kleine Ortschaft **Casamaccioli** in die Kastanienwälder. Sie erlangte vor allem durch das Fest **Santa del Niolo** Bedeutung, das alljährlich vom 8. bis 10. September zusammen mit einem Jahrmarkt abgehalten wird. Bei der Prozession tragen die Bewohner die Marienstatue La Santa aus dem 15. Jh. durch den Ort.

▶ CALVI

Höhe: Meereshöhe	Karte: B3
Einwohnerzahl: 4900	Wanderung: 1, 2, 3

Lage: Calvi, die Hauptstadt der Balagne, liegt in malerischer Lage an der Nordwestküste der Insel am gleichnamigen Golf. Es erstreckt sich entlang der westlichen Bucht, die im Norden vom Felsen mit der Zitadelle abgeschlossen wird. Der 6 km lange Sandstrand in der fast halbkreisförmigen Bucht macht die besondere Lage von Calvi aus. Im Norden schließt der Golf von Revellata mit dem Cap Revellata an.

Anreise: Von Ajaccio auf der D 81 (160 km), von Bastia auf der D 81 bis Lozari und der N 197 (93 km); von Corte auf der N 197 (86 km); Bahnverbindung von Bastia und Ajaccio, mit Umsteigen in Ponte Leccia.

> **Tipp**
> Das Restaurant **Tao** in der Zitadelle zählt zu den besten in Korsika. Es wurde von einem Auswanderer gegründet, der 1928 nach Calvi kam und sich in die Zitadelle verliebte. 1935 eröffnete er im ehemaligen Palais des Bischofs von Sagone ein erstes Lokal, das auch Kabarets anbot. Heute ist Tao ein Restaurant mit Pianobar, das hervorragendes Essen anbietet (Tel. 0495/65 00 73).

Geschichte: Im 1. Jh. n. Chr. gründeten die Römer eine erste Siedlung, weil der Golf einen optimalen Naturhafen für die Segelschiffe darstellte. Im 4. Jh. besaß der Ort bereits eine frühchristliche Basilika. Später zerstörten die Sarazenen die Stadt, bis sie zwischen dem 11. und 13. Jh. durch die Pisaner wieder aufgebaut wurde. Ab diesem Zeitpunkt entwickelte sich Calvi zur kraftvollen Stadt. 1278 wurde es nach einem Streit einheimischer Patrizier an die Genuesen übergeben. 1454 erhielt es mit der Zitadelle eine wehrfähige Burg und erwuchs zum Zentrum der Balagne, die damals als Kornkammer Korsikas galt. Ab 1553 versuchte Sampiero Corso zusammen mit türkischen Piraten Calvi einzunehmen, was aber nicht gelang. Deshalb erhielt die Stadt das Prädikat »Civitas semper fidelis«, »die immer getreue Stadt«. Dieser Leitspruch ist über dem Eingang der Zitadelle zu lesen. Später bekräftigte Calvi seine Treue zu Genua und kam 1794 durch Pasquale Paoli unter heftigen Beschuss, wodurch ein Großteil der Stadt zerstört wurde. 1796 erfolgte nach einer kurzen Periode englischer Herrschaft der Anschluss an Frankreich. Im Zweiten Weltkrieg diente der Hafen der Landung der Alliierten in der Provence.

Sehenswert: Calvis Trümpfe für den Urlauber sind Sonne, Sand und die unvergleichlichen Möglichkeiten für ein sorgloses Nichtstun. Denn die älteste Touristenhochburg der Insel präsentiert sich mit der gesamten Palette an Annehmlichkeiten, die einen unvergesslichen Urlaub garantieren. Am schönsten ist die Stadt jedoch in der Vorsaison, im Mai zum Beispiel, wenn die Sonne noch maßvoll ihre Strahlen über die reizvolle Bucht schickt und das Treiben in den Straßen noch zu keinen Staus und Menschenschlangen führt.

Die **Zitadelle** bildet den historischen Höhepunkt der Stadt. Die Wehrburg wurde am Ende des 15. Jhs. von den Genuesern errichtet und beherrscht die Bucht von einem 82 m hohen Granitfelsen aus. Man betritt die Festung durch ein Tor, das früher durch eine Falltür und eine Zugbrücke geschützt war. Die beiden Rundtürme südwestlich der **Eglise St-Jean-Baptiste** kamen 1453 und 1491 zum Gesamtensemble, 1545 begann der Bau des neuen Mauerrings, der von den drei Bastionen Teghiale, Malfetano und Spinchone gesäumt wird. Unterhalb von Spinchone zieht der Tour de Sel (=Salzturm) die Blicke an, der außerhalb der Mauern am Quai Landry errichtet wurde und der Verteidigung des Hafens diente. Man kann die gesamte Mauer auf einem Wehrgang umrunden und genießt dabei den herrlichen Blick auf Stadt und Golf.

Die meisten Gebäude der **Zitadelle** sind nicht der Öffentlichkeit zugänglich. So beschränkt man sich bei Besichtigungen vornehmlich darauf, die ruhige Atmosphäre in den engen Gassen und auf den kleinen Plätzen zu genießen. Beherrschendes Gebäude ist der **Palais des Gouverneurs**, der Palast der genuesischen Gouverneure, in dem eine Abteilung der Fremdenlegion einquartiert ist. Gegenüber befindet sich die **Eglise St-Jean-Baptiste**, deren Grundmauern bereits auf das 13. Jh. zurückgehen. 1576 erhielt das Gotteshaus, dessen Grundriss einem griechischen Kreuz gleicht, den Rang einer Kathedrale. Im Inneren begeistern der aus Marmor gefertigte Taufstein von 1568 und die reich verzierte Kanzel aus dem Jahre 1757.

Die meisten Besucher halten sich vorwiegend im Stadtzentrum **La Marine** südlich der Zitadelle auf. In den engen Gassen der Altstadt haben sich Restaurants, Bars, Souvenirläden und andere Geschäfte

niedergelassen und den ehemaligen Charme des Fischerdorfes verdrängt. Entlang der Hafenmole am **Quai Landry**, der 1998 zu einer mondänen Flaniermeile umgestaltet wurde, reihen sich ebenfalls Restaurants und Bars aneinander. Über die Hauptstraße Boulevard Wilson gelangt man zur

Eglise Ste-Marie Majeure, die im 18. Jh. erbaut, aber erst in der Mitte des 19. Jhs. fertiggestellt wurde. Knapp vor der Zitadelle mündet der Boulevard Wilson in den Place Christophe Colomb, der den großen Stadtplatz zwischen Zitadelle und La Marine bildet.

Die klassische Ansicht von Calvi mit der Zitadelle

 ## CAP CORSE

| Höhe: 0–1307 m | Karte: D 1/2 |
| | Wanderung: 7, 8 |

Lage: Das Cap Corse ragt im Norden der Insel wie ein Zeigefinger ins Meer. Es ist 40 km lang und zwischen 12 und 15 km breit.

Anreise: Das Cap wird von der D 80 ausgehend von Bastia oder Patrimonio umrundet. Die Strecke beträgt 110 km und erfordert zumindest dreieinhalb Stunden reine Fahrzeit. Zwei Querverbingungen führen durch die Landzunge: von Bastia nach Saint-Florent (28 km) und von Santa Severa nach Pino (16 km).

Geschichte: In der Antike besuchten phönizische, griechische und römische Seeleute das exponierte Land. Ptolemäus bezeichnete es im 2. Jh. als »heiliges Vorgebirge«. Mit dem Seeverkehr kamen im 4. Jh. das Christentum und im 10. Jh. die Sarazenen, die es jedoch für ihre zerstörerischen Beutezüge aufsuchten. Im 16. Jh. errichteten die Bewohner ein Netz von 32 Wachtürmen, die den gesamten Küstenverlauf schützten.

Sehenswert: Dem Landschaftsrelief des Cap Corse sagt man nach, die Insel im Kleinformat widerzuspiegeln. Im Westen die imposante Steilküste, im Zentrum ein scharfkantiger Gebirgskamm und im Osten das sanft abfallende Land mit seinen fruchtbaren Tälern. Dennoch besitzt das Cap seinen eigenen Charakter. Schon seit Jahrhunderten betrieben die Capcorsains Handelsbeziehungen mit dem nahe gelegenen Italien. Der rege Warenaustausch mit der Toskana hat

*Ursprüngli-
che Land-
schaft und
menschenlee-
ren Buchten
am Cap
Corse.*

dem Cap schon früh großen Reichtum beschert. Da es kaum kriegeri-
sche Auseinandersetzungen gegeben hat, sind viele historische Bauwerke unversehrt geblieben, Klostergebäude, romanische Kirchen,
Wachtürme aus der Zeit der Genueser und vieles mehr.

Auf einer Rundfahrt ums Cap gibt es zahllose Gelegenheiten für Un-
terbrechungen: Die Wallfahrtskirche von Lavasina zum Beispiel oder
die vielen kleinen Häfen wie Erbalunga, Porticciolo oder Sisco, das
Örtchen Luri, wo man in der ersten Juliwoche eine interessante
Weinmesse abhält, das Naturschutzgebiet der Iles Finocchiarola nahe Macinaggio (→ **Wanderung 8**), der Senecaturm bei Pino, eine mittelalterliche Ruine des Turms der Familie de Mari, oder den Belvé-
dere Moulin de Mattei an der Nordwestspitze. Eine winzige Nebenstraße führt an der Nordspitze nach Barcaggio hinab, wo einen eine
kleine Sandbucht und ein idyllischer Ort samt kleinem Hafen erwartet. An der Westküste zieht einen das malerische Dorf Pino in den
Bann, das 145 m oberhalb des Meeres inmitten der üppig bewachsenen Hänge liegt.

▶ CARGÈSE

Höhe: 40 m	*Karte: B5*
Einwohnerzahl: 900	

Anreise: Von Porto auf der D 81 (30 km), von Ajaccio über Sagone
auf der D 81 (52 km).

Lage: Cargèse liegt auf einer Landzunge im Norden des Golfs von
Sagone, der nicht nur die größte Einbuchtung Korsikas, sondern auch
einer der ältesten Siedlungsräume der Insel ist.

Geschichte: Bereits zur Römerzeit gab es an der Mündung des Sagone-Flusses einen ersten Hafenort, der ab dem 6. Jh. sogar ein Bischofssitz mit Gerichtsbarkeit war. 1578 errichteten die Genuesen einen runden Verteidigungsturm, später wurde es zum wichtigsten Hafen für die Verschiffung von Holz aus dem Aitone-Wald und zum Schiffsbau. Cargèse selbst wurde 1676 von 730 griechischen Auswanderern als Dorf Paomia gegründet, die in ihrer Heimat vor den einfallenden Türken flüchteten. 1774 erhielt es, nachdem die Siedler in Richtung Ajaccio vertrieben worden waren, vom Gouverneur Marbeuf seinen heutigen Namen.

Sehenswert: Die wichtigste Sehenswürdigkeit ist die Kirche **Eglise Catholique de Rite Grec** oder **Eglise Saint-Spiridon**, vor allem wegen der Ikonen, die zum Teil von 1676 stammen und drei Kirchenlehrer oder die Grablegung Christi zeigen. Das weiß getünchte Gotteshaus besitzt im Inneren eine reichhaltige Ausstattung mit viel Kirchen-

Renaldo organisiert **Bootsausflüge** zum Capo Rossu, zur Calanche und zum Naturreservat Scandola. Die Boote verlassen Cargèse meist um 9 Uhr morgens und kehren am Nachmittag zurück. Buchungen unter Tel. 0495/28 02 66), Tickets im Geschäft Chez Fanny in der Rue Colonel Fieschi.

schmuck und Ornamenten, wie es für eine orthotoxe Kirche üblich ist. Es werden heute immer noch orthotoxe Feste abgehalten, ansonsten ist jedoch in Cargèse vom griechischen Einfluss nichts mehr zu spüren. Gegenüber gründeten die Katholiken 1817 die im neubarocken Stil erbaute römisch-katholische Kirche **Eglise Latine Ste-Marie** oder **Eglise de l'Assomption**, die 1828 fertiggestellt wurde, aber erst 1845 den frei stehenden Campanile erhielt.

Die meisten Hotels und Restaurants ordnen sich entlang der Hauptstraße an, während die Altstadt noch in ursprünglicher Form mit alten Häusern und Kirchen erhalten blieb. Der wichtigste Strand, **Plage du Péro**, befindet sich etwa 1,5 km nördlich des Ortes.

▶ CASTAGNICCIA

Höhe: 5–1767 m	Karte: D 3/4
	Wanderung: 9

Das nach seinen Kastanienwäldern benannte Mittelgebirge der **Castagniccia** leuchtet im Frühjahr in zarten und im Sommer in satten Grüntönen, ehe sich die Landschaft im Herbst in ein rotbraunes Farbenmeer verwandelt. Entlang von wellenförmigen Bergkämmen sitzen kleine Bergdörfchen, die wie in keiner anderen korsischen Landschaft von schmalen Bergstraßen verbunden werden, die aus alten

Maultierpfaden und Verbindungsrouten hervorgingen. Die Region wird im Norden vom Flusstal des Alisgiani, im Osten von der Plaine Orientale, im Süden vom Tavignano und im Westen vom Golo-Tal begrenzt. Wie der Name schon sagt, befindet man sich hier im Bereich der Kastanienwälder, die bis in eine Höhe von etwa 900 m reichen. Darüber folgen geschlossene Buchenwälder, wie diese sonst nirgends mehr auf Korsika zu finden sind. Über Jahrhunderte hindurch erfuhr die Castagniccia durch die Siedlungstätigkeit der Menschen eine stete Veränderung. Die Genueser ersetzten die Eichenwälder allmählich durch Kastanien, um der Bevölkerung eine Ernährungsquelle während der Wintermonate zu gewährleisten.

Die wichtigsten Sehenswürdigkeiten sind über die D 71 zugänglich, die bei Ponte Leccia beginnt und nach Prunete an die Küste führt. Das Bergdorf **Morosaglia** liegt im Westen der Castagniccia und erlangte als Geburtsort von Pasquale Paoli Bedeutung. 1953 stellte man zu seinen Ehren eine Statue vor dem Geburtshaus auf. Im Haus der Familie Paoli ist heute ein Museum eingerichtet. Wenige Kilometer östlicher zweigt eine Nebenstraße nach **La Porta** ab, das in einer strategisch günstigen Lage am Talboden der Castagniccia liegt. Der Ort besitzt die äußerst auffällige Pfarrkirche St-Jean-Baptiste mit dem gelb gefärbten Haupthaus und dem barocken Campanile, der im Jahre 1720 vom lombardischen Architekten Domenico Baina errichtet wurde und der schönste in Korsika sein soll.

Auf der westlichen Talflanke des Orezzatales liegt etwa 15 km von Morosaglia entfernt unmittelbar an der D 71 die Ruine des **Couvent d'Orezza**. Das ehemalige Franziskanerkloster wurde im Zweiten Weltkrieg zerstört. 1751 erließen die korsischen Freiheitskämpfer, die im Kloster ihren Treffpunkt hatten, die erste unabhängige Verfassung. Heute präsentieren sich die von Efeu und Gestrüpp überwachsenen

Morosaglia ist eines der zahlreichen pittoresken Dörfer der Castagniccia.

Das kleine Restaurant im Herzen von Cervione **U Casone** serviert Gerichte wie Wachtelterrine mit Kastanien, Korsischen Schmorbraten, Lamm mit Kastaniensauce oder gegrilltes Schwein mit grünen Bohnen (Tel. 0495/38 10 74, montags geschlossen).

Mauerreste samt dem verfallenen Campanile mit einer eigentümlichen, fast romantischen Ästhetik. Gleich anschließend macht die Straße in **Piedecroce** im Zentrum der Castagniccia Halt. Der Ort mit der reich dekorierten Barockkirche St-Pierre et St-Paul liegt inmitten von dichten Kastanienwäldern und gibt herrliche Blicke auf die Berge von Orezza frei. Im Inneren der Kirche befindet sich übrigens die älteste Orgel der Insel aus dem Jahre 1617. Nach dem Col d'Arcarotta erreicht man das **Valle d'Alesani** mit dem gleichnamigen Franziskanerkloster, das abgelegen auf der Südseite des Tales inmitten von Kastanienwäldern liegt.

CORTE

Höhe: 400 m	*Karte: C4*
Einwohnerzahl: 5700	*Wanderung: 12, 13*

Lage: Bewacht von den höchsten Gipfeln der Insel, liegt Corte am Zusammenfluss von Restonica und Tavignano im Zentrum der Insel, östlich der zentralen Gebirgskette rund um den Monte Rotondo sowie an der Kreuzung wichtiger Verkehrswege. Es bezeichnet sich gerne als das Herz Korsikas oder als die heimliche Hauptstadt.

Anreise: Von Calvi über die N 197/193 (86 km), von Aléria/Porto-Vecchio über die N 200/N 198 (48 km/121 km), von Bastia über die N 193 (70 km), von Ajaccio über die N 193 (85 km); Bahnverbindung nach Bastia, Calvi und Ajaccio.

Geschichte: Corte zählt zu den interessantesten Städten Korsikas. Es war die Hauptstadt der nur kurz während korsischen Nation von Pasquale Paoli, doch es blieb bis heute das geistige und historische Zentrum der Insel. Der strategisch günstige Felsen hoch über dem Tal des Tavignano war mit Sicherheit schon den Römern, Saranzenen und Genuesen bekannt, doch erst 1419 errichtete der korsische Adelsmann Vincentello d'Istria eine erste Festigungsanlage an der Stelle der späteren Zitadelle. 1553 fiel sie kampflos dem von den Franzosen entsandten Sampiero Corso in die Hände, ehe es 1570 von Genua zurückerobert wurde. Zwischen 1755 und 1769 regierte Pasquale Paoli als Führer des ersten unabhängigen Korsikas in der Stadt und etablierte eine der ersten demokratischen Verfassungen der Welt. Zu dieser Zeit wuchs Corte zum geistigen, kulturellen und wirtschaftlichen Zentrum der Insel und erhielt 1765 eine Universität mit 12 Fakultäten. Ab 1769, als die Franzosen die Stadt eroberten, fungierte sie als Garnisonslager und ab 1962 als Sitz einer Abteilung der Fremdenlegion.

Sehenswert: Die Hauptstraße, der **Cours Paoli**, teilt die Stadt in zwei Hälften. Im Westen befindet sich die Oberstadt mit der Zitadelle, im Osten die Unterstadt mit dem modernen Viertel und der Universität. Man merkt der Stadt das universitäre Gepräge an. Der Reisende spürt schnell, dass hier das Leben auf seine eigene Weise pulsiert, als Mischung aus Jung und Alt, aus Moderne und Tradition. Die Stadt wirkt geschlossener und eigenständiger als die Touristenzentren an der Küste und verbreitet nicht zuletzt aufgrund seiner einzigartigen Lage einen unvergleichlichen Charme. Die Studenten machen mehr als ein Drittel der Einwohner aus, dementsprechend jung strahlt einem Corte entgegen.

Tipp

Pasquale Paoli stammte der hochangesehenen Familie von Caporali ab und ging als »Babbu di a Patria«, als Vater des Vaterlandes in die Geschichte ein. Er übernahm mit 30 Jahren die Macht auf Korsika, wurde aber nur nach 15 Jahren Regentschaft von den Franzosen ins Exil verbannt. Er starb nach 47 Jahren der Emigration 1807 in London.

Historisch betrachtet gehört es zu den wichtigsten Städten Korsikas. Straßen und Plätze mit Kneipen und gemütlichen Cafés gehören ebenso zum Stadtbild wie die mächtige Statue von Pasquale Paoli am gleichnamigen Platz. Hier zeigt Corte noch immer die Spuren der einstigen historischen Bedeutung.

Ein Stadtrundgang beginnt am besten am **Place Paoli** am Ende des cours Paoli. Den Platz ziert die mächtige Bronzestatue von Paoli, der als »Vater des Vaterlandes« bezeichnet wird und heute noch als Gallionsfigur für die Unabhängigkeitsbestrebungen der Korsen gilt. Sie wurde 1864 von patriotisch gesinnten Landsleuten gestiftet. Rund um die Statue gruppieren sich heute gemütliche Cafés und Restaurants.

Vom Place Paoli führt die Rue de la Fontaine zur **Citadelle** hinauf, die die Silhouette der Stadt schon von weitem bestimmt. Die Anfänge der mächtigen Befestigungsanlage gehen auf 1419 zurück, das heutige Aussehen erhielt sie durch die Franzosen im 18. und 19. Jh. Innerhalb des Mauerringes mit trapezförmigem Grundriss trifft man auf zwei mächtige Gebäude, die Kasernen von Serrurier und Padoue, die während ihres Bestandes mehrere Funktionen erfüllten. Zuletzt beherbergten sie bis 1983 eine Garnison der Fremdenlegion. Seit 1981 wird die Caserne Padoue von der Universität sowie vom Tourismusbüro genutzt. Gekrönt wird die Citadelle vom »Adlerhorst«, einem Turm, der 1419 von Vincetello d'Istria errichtet wurde. Vom Belvédère, dem höchsten Punkt des Festungsfelsens, genießt man einen herrlichen Blick auf die Stadt und den Talkessel.

Zurück von der Citadelle macht man zunächst am **Place Gaffori** Halt, der an frühere Ereignisse im Zusammenhang mit der Stadtentwicklung erinnert. An der Südseite befindet sich das religiöse Zentrum Cortes, die **Eglise de l'Annonciation**. Das bereits 1450 errichtete Gotteshaus wurde im 17. Jh. erneuert und enthält im Inneren ein hölzernes Kruzifix, eine geschnitzte Kanzel und eine Holzskulptur der Himmelfahrt Mariens. Etwas westlich des Platzes erstrahlt der **Palais National**, einst der Sitz der genuesischen Regierung und einziges von Genua hinterlassenes Verwaltungsgebäude. Es wurde um 1750 fertig gestellt und diente Paoli als Sitz für die unabhängige Regierung sowie der ersten Universität.

Die heimliche Hauptstadt der Insel: Corte mit der mittelalterlichen Zitadelle

▶ EVISA

Höhe: 835 m	*Karte: B4*
Einwohnerzahl: 250	*Wanderung: 18, 19*

Lage: Die reizvolle Lage am Westrand des Forêt d'Aitone auf einem Sonnenbalkon hoch über der Speluncaschlucht und inmitten von Kastanienwäldern gelegen macht Evisa zu einem der beliebtesten Urlaubsdörfer Korsikas abseits der Küste. Ferner liegen der Hafenort Porto, die Calanche und die Piscine Naturelle in unmittelbarer Reichweite. Evisa ist auch Etappenort für die Weitwanderwege Tra Mare a Mare und Tra Mare e Monti.

Anreise: Auf der D 84 von Porto (22 km) oder von Calacuccia über den Col de Verghio; von Sagone auf der D 70 (34 km).

Sehenswert: Evisa begeistert durch die Lage und die umgebende Natur. Der Ort selbst besitzt keine historischen oder kulturellen Sehenswürdigkeiten. In der Speluncaschlucht trifft man auf die alte Genueser Bogenbrücke Pont de Zaglia (→ **Wanderung 18**), im Aitone-Wald

auf die Piscine Naturelle (→ **Wanderung 19**), ein 30x5 m großes Felsbecken des Aitone-Baches und die Wasserfälle Cascades d'Aitone.

12 km östlich von Evisa führt die D 84 auf den **Col de Verghio** (1467 m), der die Grenze zwischen Haute-Corse und Corse-du-Sud markiert. Den Pass ziert eine Jesus-Statue, die vom Künstler Bonardi angefertigt wurde. Im Sommer versorgt hier eine kleine Buvette die Reisenden, die von der Passhöhe die herrlichen Blicke nach Westen auf das Aitone-Becken und nach Osten auf das Niolu und den Wald von Valdu-Niellu genießen.

Das reizvolle Evisa nimmt einen Sonnenbalkon hoch über der Westküste ein.

▶ **FILITOSA**

Höhe: 80 m   *Karte: B/C 7*

Lage: Filitosa nimmt als bedeutendste prähistorische Fundstätte Korsikas eine Anhöhe im unteren Tal des Taravo-Flusses an der Südwestseite Korsikas ein. Die Grabungsstätte, die von den Wasserläufen Barcajolo im Nordosten und Sardelle im Westen begrenzt wird, liegt inmitten einer fruchtbaren und sanften Hügellandschaft, in der sich Felder, Olivenhaine und kleine Dörfchen abwechseln.

Anreise: Von Propriano auf der N 196, D 157 und D 57; von Ajaccio auf der N 196 bis zum Col de Cellaccia und weiter über die D 757.

Geschichte: Nahe der fruchtbaren Taravo-Ebene haben sich schon vor mehreren tausend Jahren Menschen niedergelassen und erste primitive Siedlungen gegründet. Die Stätte wurde von Charles-Antoine Césari entdeckt, dessen Familie heute immer noch das Land rund um Filitosa besitzt.1946 begann eine Gruppe engagierter Archäologen um Roger Grosjean mit den Ausgrabungen.

Die erste Einwanderung des Menschen in Korsika geht auf das 7. Jahrtausend v. Chr. zurück. Die Nähe der fruchtbaren Tavaro-Ebene, das Vorhandensein eines kleinen Hügels und zahlreiche Schutzmöglichkeiten unter Felsen haben die Besiedelung von Filitosa vom 6. bis 1. Jahrtausend v. Chr. gefördert (Neolithicum). Die Menschen, die diese Siedlung begannen, lebten ausschließlich von der Jagd, vom Fischen oder vom Sammeln wild wachsender Früchte. Das Betreiben von Ackerbau oder das Halten von Tieren ist aus dieser Zeit

Als **Menhire** werden senkrecht aufgestellte Steinsäulen bezeichnet, die zu den einfachsten Steinmalen der Megalithkultur gehören. Auf Korsika zählt man 73 Menhire und damit 40 % aller in Frankreich gefundenen Steinsäulen, während Sardinien nur 2 besitzt. Korsika gehört damit zur führenden Fundstätte der europäischen Megalithkultur.

noch unbekannt. Im 4. Jahrtausend dürften in Korsika schon mehrere Siedlungen bestanden haben und die Bedeutung von Filitosa wuchs. Die Menschen begannen, Feldfrüchte anzubauen, was durch den Fund von Mühlsteinen aus dieser Zeit belegt ist.

Sehenswert: Den größten archäologischen Wert besitzen die Menhirstatuen, die rund um Filitosa gefunden wurden. Dazu kommen Keramikreste wie Vasen und Obsidiane, die zu Pfeilspitzen und Werkzeugen verarbeitet wurden. Die Fundstätte wird heute als Freilichtmuseum betrieben und kann entlang eines Rundganges besichtigt werden.

Am Eingang erwartet das kleine archäologische Museum mit den bedeutendsten Fundstücken den Besucher. Gleich danach folgt einer der größten Menhire, **Filitosa V**, der drei Meter hoch ist und eine Waffenabbildung zeigt (vertikal ausgerichtetes Langschwert). Man überquert die Sardelle und gelangt wenig später zum Eingang des Ostmonuments, das die Torreanische Siedlung ankündigt. Man befindet sich nun auf der heute pinienbewachsenen Anhöhe, auf der vor 8000 Jahren die erste Siedlung entstand. Das **Ostmonument** ist ein grabhügelförmiger Bau, der zwischen mächtigen Granitblöcken liegt und größere Steinhäufen aufweist. Darin fand man Kammern und Nischen. Links davon beginnt das **Torreanische Dorf**, das 130 m lang und etwa 40 m breit ist. Die primitiven neolithischen Bauten hat man anhand eines Keramikfragmentes auf 5850 v. Chr. datiert. Zu

Einer der auffälligsten Menhire im Torreanischen Dorf

dieser Zeit dürften Hirten die Taravo-Ebene bewohnt haben. Das **Zentralmonument** etwas nördlich des Dorfes mit herrlichem Blick auf die nachfolgende Ebene diente den Torreanern als Kultstätte. Ein runder, von einem mörtellos zusammengefügten Gewölbe gebildeter Zentralraum wird von 30 Menhirstatuen und einem runden Erdwall umgeben. Die Feuerspuren an den Wänden lassen auf

Opferhandlungen schließen. Im Zentralmonument sind auch die Menhire **Filitosa IX.** und **Filitosa XII.** enthalten, die ovale Gesichtszüge und eine kunstvolle Ausgestaltung zeigen. (Öffnungszeiten März–Oktober 8.30 bis eine Stunde vor Sonnenuntergang, Tel. 0495/74 00 91).

▶ GALÉRIA

Höhe: 50 m   *Karte: B3*
Einwohnerzahl: 2150

Anreise: Über die D 81 von Calvi (35 km) und Porto (50 km).
Sehenswert: Der einsame Badeort **Galéria** liegt an der Nordwestküste Korsikas unmittelbar am Mündungsdelta des Fango. Dieser Gebirgsfluss hat eine ca. 5 km lange Kiesbarriere aufgeworfen, die die Küste entlang des Golfs von Galéria beherrscht. Der idyllische Sandstrand, der nahezu unverbaut ist, gilt als Geheimtipp für Badefreuden in einsamer Umgebung. Der Naturhafen von Galéria wird durch einen im 17. Jh. entstandenen Festungsturm geschützt.

Galeria liegt abseits der Touristenströme an der Westküste. Das landeinwärts ziehende, weite **Fango-Tal** ist fast unbesiedelt und zählt zu den einsamsten Winkeln der Insel. Früher führte eine uralte Route der Transhumanz durch das Tal: Im Frühjahr zogen die Hirten mit ihren Herden hinauf ins Niolu, im Herbst kehrten sie an die Küste zurück. Das Tal besticht durch seine reizvolle Landschaft, die nicht zuletzt durch den Flusslauf bestimmt wird.

▶ L'ILE ROUSSE

| Höhe: 10 m | Karte: C2 |
| Einwohnerzahl: 2400 | Wanderung: 5 |

Der weitläufige Hauptplatz von L'Ile Rousse lädt zu gemütlichen Nachmittagen im Café ein.

Lage: L'Ile Rousse bildet neben Calvi den zweiten bedeutenden Ort in der Balagne an der Nordwestküste der Insel. Es liegt auf halber Strecke zwischen Calvi und dem Cap Corse und bekam den Namen durch die kunstvoll vorgelagerte Insel.

Anreise: Von Calvi auf der N 197 (24 km), von Bastia auf der D 81 und N 197 (69 km), von Corte auf der N 197 (72 km); Bahnanschluss nach Calvi, Corte und Bastia (Umsteigen in Ponte Leccia).

Geschichte: Als Rubico Rocega hatte L'Ile Rousse bereits zur Römerzeit eine gewisse Bedeutung als natürlicher Hafen. Später errichteten die Genuesen auf der vorgelagerten Ile de la Pietra einen Wachturm, dem der jetzige Leuchtturm nachfolgte. Pasquale Paoli gründete schließlich 1758 die heutige Hafenstadt, die ein rechtwinkeliges Straßennetz und einen zentralen Hauptplatz besitzt.

Sehenswert: Das Zentrum dieses lebhaften Ortes, in dem eine gute Mischung aus einheimischem und touristischem Treiben vorherrscht, bildet der rechteckige und weitläufige Hauptplatz **Place Paoli**. Hier kann man unter Palmen und mächtigen Platanen in einem der gemütlichen Cafés einen ruhigen Nachmittag verbringen und sich dem geschäftigen Treiben der Stadt entziehen. Denn L'Ile Rousse erlangte schon bald als Hafen und Umschlagplatz der landwirtschaftlichen Produkte aus der Balagne eine wichtige Bedeutung für die Region, die zur Ansiedlung von Geschäften und Gewerbebetrieben führte. Dies ist auch am gedeckten **Marktplatz** aus dem 19. Jh. spürbar, der nördlich an den Place Paoli anschließt. Das Dach, unter dem im Sommer jeden Morgen die Händler ihre fliegenden Stände aufbauen, wird von 21 Säulen getragen. Die **Pfarrkirche**, die etwa 250 Jahre alt ist, bildet das historisch wertvollste Gebäude der Stadt. Da-

neben sind eine Turmruine
und das Haus der napo-
leonfeindlichen Familie
Arena sehenswert. L'Ile
Rousse erhielt seinen Na-
men vom roten Felsen der
Insel **Ile de la Pietra**, die im
Norden der Stadt vorgela-

Tipp

Als gastronomisches Erlebnis wird das
Restaurant **Auberge de Tesa** (Tel.
0495/60 09 55) in Lozari, 8 km östlich
von L'Ile Rousse, gehandelt. Der Gast
wird mit Menüs ab 30 Euro, die nur
abends serviert werden, verführt. Dabei erhält man Canelloni mit brocciu,
Kalbschnitzel mit frischen mediterranen Kräutern oder schmackhaften Käse aus dem Niolu.

gert ist und das Hafenbecken auf natürliche Weise abschließt. Einen
willkommenen Zeitvertreib für Regentage bietet das kleine **Musée
océanographique**, das unter anderem mit drei riesigen Aquarien
über die Unterwasserwelt vor der Küste informiert.

▶ LEVIE

Höhe: 656 m   *Karte: C7*
Einwohnerzahl: 800

Anreise: Von Sartène über die D 268 (27 km), von Porto Vecchio auf
der D 259 und D 59 (42 km), von Zivaco auf der D 69 und D 268
(57 km).

Sehenswert: Das friedliche, kleine Alta-Rocca-Dorf, nur 5 km von
Zonza entfernt, hat sich vor allem durch das Museum und die prähistorischen Funde einen Namen gemacht. Während des Zweiten Welt-
krieges beherbergte es die korsische Widerstandsbewegung, heute
wird es von Wanderern frequentiert, die das Alta Rocca entlang des
Weitwanderweges Mare a Mare Sud besuchen.

Das Archäologische Museum **Musée de l'Alta Rocca** (Tel. 0495/
78 47 98, geöffnet Hochsaison tägl. von 10.00–18.00 Uhr, sonst
10.00 – 12.00 und 14.00 – 16.30 Uhr, außer sonntags und montags)
zeigt einen Querschnitt von der korsischen Naturgeschichte bis zu
den wertvollen prähistorischen Funden, die in Capula, Cucurruzu,
Caleca und Curacchiaghiu ausgegraben wurden. Die Exponate stammen aus verschiedenen Epochen und reichen vom Skelett der »Dame von Bonifacio« aus dem 6. Jahrtausend v. Chr. über zahlreiche
Keramikartikel aus dem Neolithikum bis zu Tongefäßen, Bronzegerä-
ten und Schmuck aus der Metallzeit.

Die Sites **Archéologiques** von Pianu de Levie befinden sich nur
10 km südwestlich des Ortes. Man erlebt sie am besten entlang des
Rundganges, der auf einem schattigen, von Eichen und Felsen gesäumten Weg zu den antiken Schauplätzen und prähistorischen

Fundorten führt. Dazu gehören eine der ältesten korsischen Besiede-lungsspuren, die die Torreaner hinterlassen haben, vor allem das **Castello di Cucuruzzu**. Es ist die bedeutendste torreanische Festung des Alta Rocca, die bereits in der Bronzezeit, also vor mehr als 3500 Jahren auf einem Hügel erbaut wurde. Nur wenige Minuten von Cu-curuzzu entfernt befindet sich das mittelalterliche Dorf **Capula**, das bereits in der Bronzezeit, in der Eisenzeit und unter der Herrschaft der Römer eine Siedlung beherbergte und zu einem der schönsten Beispiele eines mittelalterlichen Alta Rocca-Dorfes zählt.

▶ PIANA

Höhe: 438 m	Karte: B4
Einwohnerzahl: 500	Wanderung: 20

Piana bietet sich vor allem als Ausgangspunkt zu Wanderungen in die Calanche und zum Capu d'Ortu an. Der reizvoll am Südrand des Felsengartens der Calanche gelegene Ort ist direkt über die D 81 nach Cargèse, Sagone und Ajaccio zugänglich. Direkt vom Ort aus reichen die Blicke bis zu den Calanche-Felsen mit dem Golf von Por-to im Hintergrund. Im 15. Jh. wurde Piana von den Fürsten von Leca regiert, die einen Großteil der Westküste Korsikas beherrschten. Die Pfarrkirche Eglise Ste-Arie, die einige sehenswerte sakrale Statuen beinhaltet, wurde in den Jahren 1765 bis 1772 errichtet.
Die Nebenstraße D 624 führt auf 4 km zur **Anse de Ficajola** hinab

Nach einem Gewitter er-strahlt Piana noch maleri-scher vor der Kulisse der Calanche.

und bietet herrliche Ausblicke auf die Küste. Die von roten Felsen eingefasste Sandbucht stellt ein Kleinod von seltener Schönheit dar. Am Strand ankerten früher Boote der Krabbenfischer, heute genießt man die herrlichen Blicke zu den roten Calanche-Felsen, die sich mit dem azurblauen Meer in Kontrast setzen. Ein Wanderpfad führt von Ficajola zum sturmumtosten **Capo Rosso** (hin und retour 3 Std.), das den Golf von Porto im Süden abschließt. Das einsame Cap, das an der Nordseite mit wild zerrissenen roten Felswänden abbricht, wird von einem Genueserturm geziert. Die Route gehört zu den schönsten Küsterwanderwegen der Insel, der im Frühjahr von einer bunt blühenden Macchie und Felsenvegetation gesäumt wird.

Tipp

Restaurant Le Moulin des Calanques. Einen Kilometer außerhalb von Piana Richtung Porto wurde 2000 in einer ehemaligen Kastanienmühle dieses Restaurant eingerichtet. Neben Getränken, Paninis und korsischen Keksen geben die Eigentümer Tipps zu Wanderrouten in der Calanche. Tel. 0495/27 84 80.

▶ PORTO

Höhe: 10 m		*Karte: B4*
Einwohnerzahl: 600		*Wanderung: 19*

Lage: Hafenort an der Westküste Korsikas zwischen dem Felsengarten der Calanche im Süden und dem Réserve Naturelle de Scandola im Norden unmittelbar am Ausgang der Spelunca-Schlucht gelegen. Der vorgelagerte Golf dringt 10 km tief in die Küste ein und wird von bizarren Felswänden und steil aufragenden Kaps eingefasst. Porto gehört zur Gemeinde Ota, dessen gleichnamiger Hauptort 6 km landeinwärts liegt (335 m).

Der kleine Ort Porto

Anreise: Zufahrt über die D 81 von Ajaccio (83 km) oder Calvi (70 km), von Bastia über die N 193 und D 84 (135 km).

Geschichte: Der Golf diente im Mittelalter den Genuesern als Stützpunkt und leicht verteidigbarer Hafen. 1546 erhielt Domenico Giustiniani das Exklusivrecht zum Korallenfischen und musste dafür das Porto-Tal bewalden. Seit 1549 bietet der Genueser Wachturm mit quadratischem

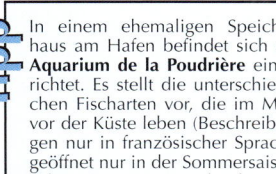
In einem ehemaligen Speicherhaus am Hafen befindet sich das **Aquarium de la Poudrière** eingerichtet. Es stellt die unterschiedlichen Fischarten vor, die im Meer vor der Küste leben (Beschreibungen nur in französischer Sprache; geöffnet nur in der Sommersaison, Tel. 0495/26 19 24, nahe dem Hotel Monte Rosso).

Grundriss auf dem Felsen vor der Hafeneinfahrt Schutz (1993 erfolgte eine komplette Restaurierung; geöffnet im Sommer 9.00–21.00 Uhr).

Sehenswert: Porto besticht durch die geschützte Lage, die feinen Sandstrände und die einzigartige Landschaftsszenerie seiner Umgebung. Der Küstenabschnitt gehört zusammen mit den Calanche im Süden und dem Naturreservat von Scandola im Norden zum Schönsten, was Korsika zu bieten hat. Der Ferienort mit dem vorgelagerten Felsen, auf dem kühn ein Genueser Wachturm thront, bietet heute mehrere Hotels, Restaurants und kleine Boutiquen, die im Sommer für ein buntes Treiben sorgen. Der Kieselstrand an der Mündung des Aitone-Flusses ist leicht zugänglich und wird von einem Eukalyptuswäldchen abgeschlossen, in dem sich auch der Campingplatz befindet. Hafen und Ort werden vom Porto-Fluss in ein 'rive gauche' und 'rive droite' geteilt, wobei sich der Hauptteil des Ortes mit den Hotels im Norden befindet.

▶ PORTO-VECCHIO

Höhe: 70 m   *Karte: D7*
Einwohnerzahl: 10 500

Lage: Korsikas drittgrößte Stadt liegt an der Südostküste am gleichnamigen Golf und präsentiert sich heute mehr als Versorgungszentrum und Industriestandort mit einem der wichtigsten Häfen der Insel. Die Altstadt befindet sich oberhalb des Hafenbeckens auf einem Hügelrücken, der sich einst aus Verteidigungszwecken zur Anlage der Stadt empfohlen hat.

Anreise: Auf der N 198 von Bastia (145 km), N 196, N 200 und N 198 von Calvi (201 km), N 196 von Ajaccio, Propriano und Sartène, N 198 von Bonifacio (27 km).

Geschichte: Erste Besiedelungen stammen bereits aus der Zeit um 1600 v. Chr., als die Torreaner die Dörfer Torre, Tappa und Castello d'Arragio gründeten. Die Gegend muss auch bei den Griechen bekannt gewesen sein, die 383 v. Chr. einen ersten Hafen anlegten. Dieser wurde später von den Römern genutzt, um die Korkrinde zu exportieren. Doch erst die Genuesen begannen mit dem Bau einer richtigen Stadt. Die strategisch günstige Lage am Golf sowie an der

Ostküste zwischen Bastia im Norden und Bonifacio im Süden trug dazu bei. 1539 errichteten die Genueser auf dem Hügelrücken oberhalb der Bucht zuerst die fünfeckige Festungsanlage, die später zur Oberstadt (Ville haute) wurde. Sie konnten dadurch zwar die Angriffe einfallender Piraten und Seefahrer abwehren, nicht jedoch die Malaria, die in den Sümpfen rund um den Golf grassierte und die Bevölkerung dezimierte. 1564, als Sampiero Corso die Stadt als Basis für erneute Angriffe zur Befreiung der Insel nutzte, wurden die Bewohner zur Kapitulation gezwungen und die Stadt zerstört. Erst als die Sümpfe in der Nachkriegszeit in Salzmarschen umgewandelt wurden, konnte Porto Vecchio zur neuen Blüte gelangen.

Sehenswert: Porto Vecchio besteht aus Unter- und Oberstadt. Die **Ville haute** umfasst die Altstadt mit den engen Gassen, der Zitadelle und den schmucken Bars und Restaurants. Die Unterstadt hat sich entlang des Golfs gebildet und besteht aus dem Fährhafen und dem modernen Marina für die Segeljachten am Blvd. Georges Pompidou. Dazwischen liegen Supermärkte aller Art sowie die Neustadt mit modernen Hotels, Einkaufszentren und Wohnblöcken. Direkt an der N 198 befindet sich am Nordrand der Stadt das große Einkaufszentrum mit den Supermärkten Géant und Super-U sowie zahlreichen weiteren Geschäften aller Art.

In der Oberstadt können heute noch Reste der alten Festungsanlage der Genueser besichtigt werden. Das einzige erhalten gebliebene Tor ist die **Porte Génoise**, die sich zum Meer hin öffnet. Die Relikte der **Bastion de France** befinden sich an der Nordostseite und sind zum Hafen gerichtet. Dazwischen befinden sich regelmäßig angeordnete Häuserreihen, die sich um den Hauptplatz Place de la Republique mit der Kirche St-Jean de Baptiste reihen. In der ehemaligen Altstadt hat der Tourismus stark um sich gegriffen und das Flair der engen Gassen verändert. Die **Rue Borgo** zeigt noch am ehesten einen Hauch jener Romantik, in dem die Ville haute früher schwelgte.

Die Strände und Buchten in der Umgebung von Porto Vecchio:
Rund um den Golf von Porto Vecchio befinden sich die schönsten Buchten und Strände der Insel. **Nördlich** von Porto Vecchio kommt man zuerst zur Halbinsel **Cala Rosso** mit der anschließenden **Baie de San Cipriano** mit dem Plage de San Cipriano. 15 km von Porto Vecchio entfernt befindet sich der Golf von **Pinarellu**. Die malerische Bucht wird zum Meer hin von der Ile de Pinarellu mit dem genuesischen Wachturm abgeschirmt, die den Reiz dieses Küstenabschnittes

Die **Crêperie Les 40èmes** in der Rue Borgo in der Oberstadt serviert als Spezialität des Hauses Crêpes mit Mozarella. Das **Pub Le Bastion** in der Rue de la Citadelle 11 bietet 300 Biersorten an, oftmals spielt hier Live-Musik. Der Laden **L'orriu** (Tel. 0495/70 26 21) in der Cours Napoléon gilt als erste Adresse für Feinschmecker.

verstärkt. Hier befinden sich umgeben von Pinienwald und Macchie zwei herrliche Natur-Sandstrände.

Südlich von Porto Vecchio:

Die Küstenstraße Route de Palombaggia erschließt von Porto Vecchio aus die Traumstrände des Südens. Die kurvige Nebenstraße verläuft stets im Hinterland, meist erhöht am Hangrücken, sodass man ab und zu nur zu Fuß zum Meer gelangt. Der bekannteste aller Strände der Insel ist der **Plage de Palombaggia**, ein kilometerlanger unverbauter Badetraum aus Sand und türkisblauem Wasser, der von Schirmpinien, kleinen Buchten und Granitfelsen umgeben wird.

Nach dem Capu d'Acciaju folgen zuerst der **Golfe de Santa Giulia** und südlicher der **Golfe de Porto Nuovo**. Die von Natur aus schönste Bucht der Insel, die **Baie Rondinaria**, liegt östlich der Bocca d'Arésia abseits der N 198. Die schmale D 158 führt über den Bergrücken zum entlegenen Küstenabschnitt, der durch die fast kreisrunde Bucht geprägt wird.

Knapp vor Bonifacio befindet sich noch der Golf von Santa Manza, ein Geheimtipp für Surfer und Schnorchler. Hier weht fast immer eine leichte Brise, nicht jedoch auf den an der Südseite liegenden **Plages de Maora** und **de Santa Manza**, die sich entlang des Caps de Capicciola erstrecken.

 PROPRIANO

Höhe: 25 m   *Karte: C7*
Einwohnerzahl: 3200

Anreise: Über die N 196 von Ajaccio (74 km) und von Bonifacio (68 km), vom Alta Rocca über die D 69.

Sehenswert: Propriano liegt an der Südwestküste Korsikas im tief eingeschnittenen Golfe de Valinco und hat sich wegen der zahlreichen Sandstrände der Umgebung zu einem der belebtesten Tourismusorte der Insel entwickelt. Es nimmt den Platz an der Mündung zwischen Rizzanese und Baracci ein. Von hier unternahm Sampiero Corso 1594 die Versuche, die Insel zu befreien. Im 20. Jh. hielt der Tourismus Einzug und verwandelte es durch den Bau großer Hotels zu einem der untypischsten korsischen Städte. Obwohl das Hafenviertel

noch ein wenig ursprünglichen Charme zeigt, herrschen Hotel-
blöcke, Bars, Pubs, Boutiquen und Bootsausstatter vor. Das interes-
santeste, was der Ort zu bieten hat, sind der Jachthafen und die Badestrände entlang des Golfe de Valinco. Zu den beliebtesten gehören
der Strand von **Baracci**, **Plage du Murzettu** und **Plage du Rinaddiu**.
Unmittelbar im Ortszentrum lockt westlich des Leuchtturmes der
Plage du Lido. 7 km südwestlich des Zentrums befindet sich noch der
Plage de Portigliolo.

▶ SAINT-FLORENT

Höhe: 5 m	*Karte: D 2*
Einwohnerzahl: 1400	*Wanderung: 6*

Lage: Saint-Florent liegt an der Nordwestküste Korsikas in der Region
Nebbio vor dem gleichnamigen Golf. Dieser wird im Osten vom Cap
Corse mit steil aufragenden Gebirgsketten begrenzt. Im Westen
schließt die karge Landschaft der Agriates an (→ **siehe Wanderung 6**).
Anreise: Von Bastia auf der D 81 (23 km), von Calvi über die N 197
und D 81 (70 km), von Corte über die N 193 bis Bastia, dann auf der
D 81 (90 km).
Geschichte: Von den Römern gegründet, entwickelte sich der Ort
unter pisanischer Herrschaft zu einem bedeutenden Handelsplatz
mit Bischofssitz, der jedoch einen Kilometer landeinwärts lag. Nach
dem Einfall der Saranzenen blieb nur die Kirche Santa Maria Assunta
unversehrt. im 15. Jh. verlagerte man den Ort auf eine Halbinsel an
die Küste und errichtete erste Befestigungsanlagen. Wegen der nahen

*Propriano ist
der am meis-
ten vom Tou-
rismus ge-
prägte Hafen-
ort der Insel.*

Sümpfe an der Aliso-Mündung und der auftretenden Malaria verlor es an Bedutung und war fast 200 Jahre lang nicht bewohnt. Im 19. Jh. begann nach dem Trockenlegen der Sümpfe der Fischerort neu aufzublühen.

Sehenswert: Der liebliche Ort, weist eine große Vielfalt an Sehenswürdigkeiten auf, die von pisanischen Kirchen bis zu preisgekrönten Weingärten und der außergewöhnlichen Landschaft der Agriates reicht. Saint-Florent wird vor allem von den Franzosen gerne als

Am Strand von Palombaggia

Saint-Tropez en miniature bezeichnet. Der lebhafte, mit dem Platanen bewachsene Hauptplatz, auf dem fast immer Boule gespielt wird, aber auch die schmalen Gassen mit den Boutiquen, Restaurants und kleinen Läden lassen diesen Eindruck entstehen. Dazu kommt der Jachthafen mit den Luxusbooten, die den Ort vor allem im Sommer mit mondänem Leben erfüllen.

Den schönsten Blick auf die »Harbourfront« bekommt man vom Jachthafen aus, der der schmucken Häuserzeile entlang des Port de Plaisance gegenüberliegt.

Die alte Befestigungsanlage von 1568, die **Zitadelle,** war einst der Sitz des Gouverneurs des Nebbio. Das Bollwerk besitzt einen zylindrischen Mittelbau, an den sich zwei seitliche Wachtürme mit halbkreisförmigem Grundriss und ein rechteckiger Turm anschließen. Die Zitadelle ist frisch restauriert und für die Besucher zugänglich gemacht.

Einen Kilometer landeinwärts befindet sich die kulturelle Hauptsehenswürdigkeit des Ortes, die im 12. Jh. von den Pisanern erbaute **Eglise Santa Maria Assunta**. Das Gotteshaus kennzeichnet die Stelle, an der im 4 Jh. eine römische Siedlung und im 17. Jh. der Bischofssitz des Nebbio entstanden. Die Kirche selbst wurde 1140 im Stil der späten pisanischen Romanik als dreischiffige Basilika geschaffen, die mit hellen Kalksteinplatten verkleidet ist. Wegen der vielen erhalten gebliebenen Säulen und Ornamenten zählt Santa Maria Assunta zu den bedeutendsten Beispielen pisanischer Architektur auf Korsika.

Nur wenige Kilometer öst-
lich von Saint-Florent an
der Straße zum Col de
Teghime befindet sich das
Örtchen **Patrimonio** mit
der aus dem 16. Jh. stam-
menden Kirche Eglise St-
Martin. Die meisten Besu-
cher kommen aber wegen

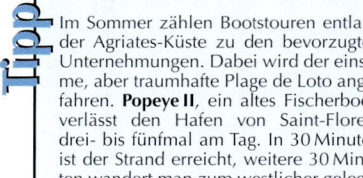

Im Sommer zählen Bootstouren entlang
der Agriates-Küste zu den bevorzugten
Unternehmungen. Dabei wird der einsame, aber traumhafte Plage de Loto ange-
fahren. **Popeye II**, ein altes Fischerboot,
verlässt den Hafen von Saint-Florent
drei- bis fünfmal am Tag. In 30 Minuten
ist der Strand erreicht, weitere 30 Minuten wandert man zum westlicher gelegenen ebenfalls herrlichen Plage de Saleccia. (Buchungen Tel. 0495/37 19 07)

des vorzüglichen Weines, der aus der Umgebung kommt. Diese Region erhielt als erste in Korsika die Auszeichnung appelation d'origi-
ne controllée (AOC). Viele der Winzer laden zur Verkostung oder zu
Führungen durch den Keller.

▶ SARTENAIS

Höhe: 5–100 m   *Karte: C7*

Als **Sartenais** wird die Region südlich von Sartène bezeichnet, die
vor allem wegen der prähistorischen Funde Bedeutung erlangte. Die
zugleich romantische und wilde Landschaft, die sich aus Feldern,
Olivenhainen, Obstbaumkulturen und den sanften Bergen von Cauria aufbaut, erschließt sich am besten auf einem Tagesausflug, der
kleinere Wanderungen zu den Fundstätten, aber auch durch die im
Mittelalter gegründete Stadt Sartène zum Inhalt hat. Von der D 48,
die südlich von Sartène am Bocca Albitrina abzweigt, führen gemütliche Feldwege zu den als 'Alignement' bezeichneten Kultplätzen,
die sich durch ihre Menhirsammlungen auszeichnen. Deshalb erhielt die Nebenstraße auch den Beinamen »**Route des Mégalithes**«.
Der erste bedeutende Kultplatz ist das **Alignement I Stantari**, das
über das Plateau de Cauria erreicht wird. Dort zweigt die D 48a ab
und gelangt nach 6 km auf enger und kurviger Straße zu einem Parkplatz, von wo ein Pfad zu den Fundstätten führt. Stantari präsentiert
eine Ansammlung von 20 Menhiren sowie zwei Steinsäulen mit bild-
lichen Darstellungen von Armen, Händen, Dolchschwert und
Gehänge. 300 m weiter gelangt man zum **Alignement de Renaggiu**,
das aus 43 kleineren, schmucklosen und kaum 1 m hohen Menhiren
besteht. Nochmals 50 m weiter stößt man auf einen tafonierten Felsen, der als Kultort eine Rolle gespielt hat. Etwas westlicher befindet
sich das auffällige **Steingrab von Fontanaccia**. Sechs Stützplatten tra-

gen die etwa 3 Tonnen schwere Deckplatte, die, weil auf einer Anhöhe gelegen, für die Beobachtung der Sterne besonders hilfreich
war. Bei diesem Grab handelt es sich um den besterhaltenen Dolmen der Insel. An der D 48 in Richtung Tissano gelangt man zu den
Alignements de Pallaghiu. Insgesamt sind 258 Monolithen zu sieben
Gruppen zusammengestellt und bilden die größte Menhiransamm-
lung des Mittelmeerraumes.

Sartène liegt an den Südwesthängen des Monte Rosso hoch über
dem Tal des Rizzanese-Flusses und gilt als die korsischste aller korsischen Städte.

Sartène, der Hauptort des Sartenais, blickt auf eine bewegte Vergangenheit zurück.

Die Altstadt besteht aus einem Labyrinth aus Trep-
pen, dunklen Hinterhöfen
und verwinkelten Gassen.
Manche sind so eng, dass
kaum eine Person durch-
gehen kann. Es scheint, als
sei die Zeit hier stehen geblieben, denn bis heute
blieb dieses mittelalterliche Viertel **Santa Anna** fast
unversehrt.

Am **Place de la Libération**,
der auch als Place Porta bekannt ist und das Zentrum von Sartène
bildet, befindet sich die Kirche **Eglise Ste-Marie**, die 1766 errichtet
wurde und einen herrlichen Altar aus polychromen Marmor enthält.
Neben dem aus Granitquadern errichteten Sakralbau steht ein drei-
stöckiger Campanile, der von Kuppel gekrönt ist. Ganz in der Nähe
trifft man auf das Rathaus **Hôtel de Ville** aus dem 16. Jh., das zuvor
ein Palast der Genuesischen Gouverneure war. Vielleicht ist es ein
Vermächtnis der früheren Geschichte, dass das Stadtmuseum **Musée
de Préhistoire Corse** in einem ehemaligen Gefängnis untergebracht
wurde. In den fünf Zellen und dem Zentralraum sind zahlreiche neo-
lithische Fundstücke aus der Jungsteinzeit sowie einige Töpfereien
aus dem Mittelalter zu sehen. Die von Roger Grosjean angelegte
Sammlung erläutert anhand von Schautafeln und Fundstücken die
großen Epochen der korsischen Vor- und Frühgeschichte vom Neolithikum bis zur Eisenzeit (6000–500 v. Chr); (geöffnet 15.6.–15.9. tägl.
außer Sonntag 10.00–12.00, 14.00–18.00 Uhr).

► SCANDOLA

Höhe: 50–350 m	Karte: A/B 4
	Wanderung: 21

Die wahre Schönheit des Naturreservats Scandola sieht man nur vom Meer aus.

Das einmalige Naturreservat Scandola, **La Reserve naturelle de Scandola**, an der Westküste Korsikas steht seit 1975 unter Naturschutz. Es ist damit sowohl das älteste Schutzgebiet der Insel, als auch das erste Frankreichs, das Flächen am Land (919 ha) und im

Meer (1000 ha) bewahrt. Mittlerweile wurde Scandola sogar in die Liste des Weltkulturerbes der UNESCO aufgenommen und gehört zur Kategorie A der europäischen Naturreservate. Scandola bestätigt den Beinamen Korsikas, ein Gebirge im Meer zu sein. Steile, rot gefärbte Felswände ragen hoch aus dem Meer und sind von Land aus nicht zugänglich. Im Süden wird die Halbinsel vom Golf von Porto begrenzt, im Norden reicht es bis zur Bucht von Galéria. Die einzigartige Felskulisse ist vor mehr als 250 Millionen Jahren im Perm entstanden und besteht hauptsächlich aus Rhyolithen und Ignimbriten, die gläsern und tuffartig geformt von gelb über grün bis rot-schwarz-violett gefärbt sind.

Im Sommer kommen aus fast allen Orten entlang der Westküste täglich Ausflugsschiffe, um die faszinierende Küstenlandschaft, die farbenprächtige Unterwasserwelt mit mehr als 200 Fischarten sowie die stillen Buchten aus nächster Nähe zu sehen. Zu den Höhepunkten gehören die phantastischen Klippen wie **Elbu** oder **Elpa nera**, die Felsentore wie **l'Imbutu**, die Buchten wie **Punta Mucchillina** und **Punta Nera** sowie verschiendene Meeresgrotten. Die **Baie d'Elbu** im Norden und die **Baie de Sólana** im Süden bleiben das gesamte Jahr über für alle Aktivitäten gesperrt und sind dem Tier- und Pflanzenleben vorbehalten. Entlang der Bootsfahrten kann man immer wieder auch seltene Vögel beobachten, für die die Steilküsten ideale Lebensräume und Nistplätze darstellen. Vor allem die Horste der Fischadler konnte sich hier wieder ansiedeln.

Die einzige Möglichkeit, sich dem Naturreservat vom Land aus zu nähern, ist die 4-stündige Wanderung nach **Girolata**, die am Col de la Croix an der D 81 beginnt (→ **Wanderung 21**). Das winzige Fi-

Das Restaurant **Le Bel Ombra** (Tel. 0495/20 15 67) bietet etwas oberhalb des Strandes einen hervorragenden Blick auf die Bucht. Auf Teakholzstühlen genießt man auf der schattigen Terrasse entweder Fischgerichte (ab 20 Euro) oder das Tagesmenü, das es bereits ab 15 Euro gibt. Direkt am Strand bietet La **Cabane du Berger** Erfrischungen und kleine Imbisse im schattigen Gastgarten unter Eukalyptusbäumen an (Tel. 0495/20 16 98).

scherdorf genuesischen Ursprungs liegt im Süden Scandolas und besteht nur aus ein paar Häusern und Bars, die sich rund um den malerischen Sandstrand formieren. Es besitzt nach wie vor keinen Straßenanschluss und ist bequem nur

S. 154/155: Speloncato wird gern als das reizvollste aller Balagnedörfer bezeichnet.

vom Meer her zugänglich. Diese Abgeschiedenheit machen sich die kommerziellen Bootstouren zunutze, die nach der Umrundung von Scandola im Hafen von Girolata für ein, zwei Stunden ankern und den Passagieren eine gemütliche Rast in einer der Strandbars gönnen. Am Strand gibt es auch einen kleinen Lebensmittelladen, im Sommer verkaufen Einheimische frisch gebackenes Brot und mit Käse gefüllte Teigtaschen.

▶ VESCOVATO

Höhe: 140 m   Karte: D3
Einwohnerzahl: 2350

Das kleine, hoch auf einem Bergkamm liegende Dorf zwischen Castagniccia und Casinca erhielt seinen Namen von vescovo, was soviel wie Bischof bedeutet. Denn von 1269 bis 1570 befand sich hier der Palast des Bischofs, bevor dieser nach Bastia verlegt wurde. Das Örtchen erkundet man am besten zu Fuß und wandert durch die engen Gassen, durch die alleenbestandenen Straßen und über die steilen Treppen zwischen den alten Häusern hindurch. Am höchsten Punkt

Das liebliche Vescovato bildet den Hauptort der Region Casinca.

des Dorfes erwartet einen ein weiter, mit Platanen bestandener Platz, um den sich mehrere kleine Cafés gruppieren. Das markanteste Gebäude bildet die Kirche **Eglise San Martino**, die im 15. Jh. entstand. Im Inneren begeistert ein genuesischer Tabernakel aus weißem Marmor mit der Skulptur des Auferstandenen und eine Statuengruppe, die in volkstümlichem Stil die Taufe Christi darstellt.

▶ ANREISE

Mit Auto und Fähre: Korsika ist von Italien und Frankreich aus von mehreren Häfen mit großen Autofähren und Schnellbooten erreichbar. Drei italienische Gesellschaften, Corsica Ferries, Corsica Marittima und Happy Lines sowie die französischen Reedereien SNCM-Ferryterranée und Moby Lines betreiben den Fährverkehr. Man bucht die Passage am besten schon mehrere Wochen vor der Abreise. Es empfiehlt sich, 2 Stunden, jedoch mindestens eine Stunde vor Abfahrt des Schiffes am Hafen zu sein. Für Haustiere muss eine Tollwutimpfung nachgewiesen werden, die nicht länger als drei Monate zurückliegt.

Manche Strecken werden mit Schnellbooten bedient, die mit bis zu 70 km/h fahren und die Strecke in weniger als 3 Stunden zurücklegen, Livorno-Bastia sogar in etwas mehr als 2 Stunden. Zu beachten ist jedoch, dass Express-Überfahrten bei ungünstigen Wetterlagen, vor allem bei starkem Wind, ersatzlos gestrichen werden; dann muss man auf die langsamen Routen ausweichen.

Die Moby Lines bieten auch Fährdienste nach Sardinien und über die Straße von Bonifacio von Sardinien nach Korsika an. Man kann die Tickets von/nach Korsika oder Sardinien kombinieren und somit beide Inseln besuchen.

Die genauen Fahrzeiten sowie die Häufigkeit der Überfahrten müssen jeweils aus den Fahrplänen der Reedereien entnommen oder beim Reisebüro erfragt werden. Zur Hauptreisezeit (Juli/August) fahren bis zu 10 Schiffe pro Route vom Festland nach Korsika und retour.

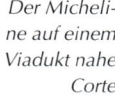

Der Micheline auf einem Viadukt nahe Corte

Corsica Ferries: Vertretung in Deutschland, Georgenstraße 38, D-80799 München, Tel. 089/389 99 10, Fax 33 85 76; www.corsica-ferries.com. Hafenbüro Livorno, Tel. 0586/88 13 80. Hafenbüro Bastia, Tel. 0495/32 95 95.

Corsica Marittima: Nouvelle Gare Maritime, Port de Commerce, F-20200 Bastia, Tel. 0495/34 84 94, Fax 0495/32 17 94; Vertretung in Deutschland, Seetours International GmbH, Seilerstraße 23, D-60313 Frankfurt/Main, Tel. 069/13 33-295, Fax 13 33-218; www.corsica-marittima.com.

Happy Lines: Vertretung in Deutschland, KON Reiseagentur GmbH, Schwanthalerstraße 31/1, D-80336 München, Tel. 089/5 50 10 41, Fax 59 84 25; www.happylines.it.

SMCM Ferryterranée: Büro Deutschland, Berliner Straße 31-35, D-65760 Eschborn, Tel. 06196/42 911, Fax 48 30 15.

Moby Lines: Marseille, 61, Bd. des Dames, Tel. 0491/56 30 30, Nizza, Quai du Commerce, Tel. 0493/13 66 99, Livorno, Via V. Veneto 24, Tel. 0586/82 63 23.

Mit dem Flugzeug: Flüge aus Deutschland dauern eineinhalb bis zweieinhalb Stunden, aus Österreich nur etwas mehr als ein bis eineinhalb Stunden. Weil es in Korsika so gut wie keine öffentlichen Verkehrsmittel gibt, ist man gezwungen, einen Mietwagen zu nehmen. Deshalb bieten Reiseveranstalter Pauschalarrangements mit Flug und Auto an (Fly & Drive Pakete).

Linienflüge werden nur aus Frankreich über Air France oder Air Littoral angeboten.

Charterflüge:

Österreich und süddeutscher Raum: Rhomberg Reisen, Eisengasse 12, A-6850 Dornbirn, Tel. 05572/224 20-0, Fax 224 20-9 (Abflüge aus Innsbruck, Salzburg und Wien sowie aus Augsburg, München und Friedrichshafen).

▶ AUSKUNFT

Agence du Tourisme de la Corse, 17, Bd Roi-Jérôme BP 19, 20181 Ajaccio Cedex 01, Tel. 0495/51 00 00, Fax 51 14 40, www.visit-corsica.com.

Französisches Fremdenverkehrsamt in Deutschland, Maison de la France, Westendstraße 47, D-60325 Frank-furt/Main, Tel. 0910/57 00 25, Fax 0190/59 90 61, www.maison-de-la-france.com.

Französisches Fremdenverkehrsamt in Österreich, Maison de la France, Argentinierstraße 41, A-1040 Wien, Tel. 01/5 03 28 90, Fax 01/5 03 28 71

Französisches Fremdenverkehrsamt in der Schweiz, Maison de la France, Löwenstraße 29, CH-8023 Zürich, Tel. 01/2 11 30 95, Fax 01/2 12 16 44

In jedem größeren Ort ist auf Korsika ein Tourismusbüro eingerichtet (Adressen siehe bei den Wanderungen).

Departementbüros:

Corse du Sud, 17, Rue du Général de Gaulle, 20110 Propriano, Tel. 0495/76 01 49, Fax 0495/76 00 65.

Haute Corse, Maison du Tourisme, 11 bis, Bd. du Fango, 20200 Bastia, Tel. 0495/34 00 55, Fax 0495/34 16 69.

Wettervorhersage: 0836/68 02 20.

▶ CAMPING

Frankreich ist generell ein Paradies für Camper. Dementsprechend gibt es auch auf Korsika mehr als 150 Campingplätze mit über 40 000 Stellplätzen.

Die Agence du Tourisme veröffentlicht jährlich eine aktualisierte Broschüre »Hébergement«, die alle Hotels, Ferienclubs und Campingplätze auflistet. Diese Broschüre liegt auch in den örtlichen Tourismusbüros, auf den Flughäfen und in größeren Hotels auf. Weitere Informationen erhält man bei Corsica Campings, 20, rue Saint Charles, 20000 Ajaccio, Tel. 0495/21 85 62, Fax 0495/2 51 15 28. Eine Auswahl der besten Campingplätze bietet der jährlich erscheindende Campingführer des ADAC (Band 1: Südeuropa). Übrigens, das wilde Campieren, vor allem das Zelten innerhalb des Parc Régional ist streng verboten, auch entlang der Weitwanderwege. Dort darf man das Zelt nur an gekennzeichneten Orten oder rund um die Schutzhütten bzw. Gîtes d'Etape aufstellen.

▶ DIPLOMATISCHE VERTRETUNGEN

Konsulat der Bundesrepublik Deutschland, Zone industrielle de Furiani, F-20200 Bastia, Tel. 0495/33 03 56.

Konsulat der Republik Österreich, Hôtel Consulaire, Gare Maritime, Quai l'Herminier, F-20000 Ajaccio, Tel. 0495/30 23 00.

Konsulat der Schweizerischen Eidgenossenschaft, Immeuble de Cactus, Parc Berthault, F-20000 Ajaccio, Tel. 0495/21 19 46.

▶ EINKÄUFE UND SOUVENIRS

Korsika bietet eine Menge an landestypischen Souvenirs an, die von Lebensmitteln über Kunsthandwerk bis zu Weinen reichen. Die meisten Supermärkte der Casino- oder Super-U-Kette bieten z. B. die »canistrelli« an, typische Kekse mit Honig-, Zitronen- oder Anisgeschmack. Daneben zählen korsischer Honig, den es je nach Region in verschiedenen Geschmäckern wie Macchienhonig oder Pinienhonig gibt, ferner Oliven aller Art, Wurstwaren, Weine, Liköre und Süßspeisen aus Kastanienmehl zu den Besonderheiten der Insel.

Spezielle Kunsthandwerksgeschäfte, »Case di l'Artigiani«, die vor allem in Calvi, Bastia, Porto-Vecchio, Bonifacio oder Propriano zu finden sind, bieten Korbflechtereien, Töpferarbeiten, Wachsbilder oder Holzarbeiten aus Kastanienholz.

In der Altstadt von Calvi

▶ EISENBAHN

Der korsische Eisenbahntraum ist genau 223 km lang. Die zwei Bahnlinien verbinden die Hauptorte Bastia, Calvi und Ajaccio und durchqueren zum Teil Landschaften, die fern ab von den Straßen nur aus dem Zugsfenster erlebt werden können.

Die **Hauptlinie** verläuft von Bastia durch das Inselinnere nach Corte und weiter über den Col de Vizzavona nach Ajaccio. In Ponte Leccia zweigt die **Nebenlinie** ab, die der Nordwestküste entlang nach L'Ile Rousse führt und in Calvi endet. Die Fahrzeit bis L'Ile Rousse beträgt eine dreiviertel Stunden, obwohl nur 22 km zu bewältigen sind, wobei 20 Haltestellen bedient werden.

Für die 158 km von Bastia nach Ajaccio benötigen die Züge etwa 3 Stunden. Entlang dieser Strecke müssen der mit 94 m höchste Viadukt sowie der 4 km lange Tunnel von Vizzavona passiert werden, der eine der technischen Glanzleistungen dieser Strecke darstellt.

Die abenteuerlichen Garnituren der korsischen Eisenbahn bei der Einfahrt nach Calvi

Auskünfte, Tickets und Fahrpläne erhält man an den Bahnhöfen in Calvi (Tel. 0495/65 00 61), L'Ile Rousse (0495/60 00 50), Bastia (0495/32 80 61), Corte (0495/46 00 97) und Ajaccio (0495/23 11 03).

▶ FESTIVALS, FEIERTAGE

Dass die Korsen ein munteres Volk sind, beweisen die zahlreichen Feste und Festivals, die das ganze Jahr über auf der Insel stattfinden. Dabei spielt die Musik als lebendiger und wandlungsfähiger Teil der Kultur stets eine große Rolle.

Januar
1. Januar, Neujahr

März
18. März – Prozession »Notre-Dame de la Miséricorde« in Ajaccio
Fête de l'Olive – das Olivenfestival wird in St-Lucie de Tallano gefeiert
Pâques Orthodoxe – das orthodoxe Osterfest in Cargèse

April
Journée du brocciu – das Käsefest in Piana

Mai
1. Mai, Tag der Arbeit
Erster Sonntag nach dem 21. Mai – Prozession zur Ehren der hl. Restituta

Juni
2. Juni – Fest des hl. Erasmus in den Hafenstädten Ajaccio, Bastia, Propriano und Calvi.
Calvi Jazz Festival – Mitte Juni mit renommierten Jazzgruppen
Fête de St-Jean de Corse – Musée de la Corse in Corte
Journées Médiévales de Bonifacio – Wochenende des Mittelalters in Bonifacio

Juli
14. Juli, französischer Nationalfeiertag
Foire de Vin de Luri – bedeutendste Weinmesse der Insel, am Cap Corse
Estivales et Musicales d'Ajaccio – Musik- und Tanzfestival in Ajaccio
Santa Severa – Festival des Meeres und Karneval im Hafen von Luri

August
5. August – Wallfahrt zur Notre-Dame des Neiges am Bavella-Pass
15. August – Mariä Himmelfahrt in Ajaccio mit Fest zum Geburtstag Napoleons

24. August – Prozession des hl. Bartholomäus in Bonifacio
Festival des Films in Lama
Fêtes Napoléoniennes d'Ajaccio – Paraden, Shows und Feuerwerke in Ajaccio
Foire de l'Amandier – Festival und Konzerte in Aregno
Porto Latino – drei Tage südamerikanischer Musik in Saint-Florent
Foire du Pratu – Messe am Col de Pratu in der Castagniccia

September
Fêtes de Notre Dame à Bonifacio – religiöses Festival in Bonifacio
8.–10. September Foire du Niolu – Fest der Santa del Niolu mit Prozession der »Granitola« und Jahrmarkt
Journée Napoléoniennes d'Ajaccio – Tag des Napoleon in Ajaccio
Mele in Festa – Honig-Festival in Murzo

Oktober
Festival du Vent – Kunst, Sport und Wissenschaft zum Wind, in Calvi
Musicales de Bastia – Jazz, klassische Musik, Tanz und Theater in Bastia

November
1. November, Allerheiligen
11. November, Waffenstillstand von 1918
Fête du Marron d'Evisa – das Kastanienfest in Evisa
Journée de la Pomme – Eine Art Erntedankfest in Bastelica

Dezember
25. Dezember, 1. Weihnachtsfeiertag
Foire à la Châtaigne – die älteste und wichtigste »Kastanien-Messe« in Bocognano

► HOTELS

Auf Korsika gibt es eine große Anzahl an Hotels in allen Kategorien mit einer Kapazität von mehr als 30 000 Betten und trotzdem fehlen typische Hotelburgen und verbaute Strände wie an italienischen oder spanischen Mittelmeerküsten zur Gänze. Den französischen Feriengewohnheiten entsprechen Apartments und Feriendörfer, die ebenfalls in großer Zahl an den Küsten zu finden sind.

Die Agence du Tourisme de la Corse legt jedes Jahr ein Hotelverzeichnis auf (siehe Campingplätze). Eine ideale Lösung für Rundreisen sind **Hotelschecks**, die als Paket bei Reiseveranstaltern wie zum Beispiel Rhomberg Reisen gebucht werden können. Die Reservierung der einzelnen Hotels erfolgt zum Teil kurzfristig vor Ort, je nach Kapazität natürlich. Deshalb sind sie nur außerhalb der Hauptsaison (Juli, August) zu empfehlen.

Einige Hotels haben sich unter dem Namen **Logis de France** (Tel. 0495/70 05 93, www.logis-de-france.fr) zusammengeschlossen und bieten sich in einer eigenen Broschüre an. Die kleinen, aber feinen Hotels befinden sich über die gesamte Insel verstreut.

Die nachfolgende Auflistung stellt eine kleine Auswahl besonderer Hotels, Apartments und Ferienclubs dar.

Kleine Apartmentanlagen wie die Résidence Alba Marina in Pinarello garantieren einen erholsamen Urlaub.

Ajaccio
Eden Roc, Tel. 0495/51 56 00, Fax 0495/52 05 03. An der Route de Sanguinaires am Weg zu den Inseln an der Küste gelegen, geschmackvoll eingerichtete Zimmer mit Blick auf den Golf von Ajaccio.

Calvi
Hotel La Villa, Tel. 0495/65 10 10, Fax 0495/65 10 50. 4-Sterne-Hotel im Hinterland Calvis in ruhiger Lage, traumhafter Blick auf die Bucht, Swimmingpool.

Bonifacio
Residence Marina di Cavu an der Calalonga, Tel. 0495/73 14 13, Fax 0495/73 04 82. Exklusive 5-Sterne-Apartmentanlage in traumhafter und einsamer Lage an der Südostspitze Korsikas inmitten einer Macchien- und Granitfelsenlandschaft.

U Capu Biancu
Am Golf von Santa Manza, Tel. 0495/73 05 58, Fax 0495/73 18 66. Vielleicht das schönste Hotel der Insel, abseits inmitten der Macchienlandschaft gelegen, luxuriöse Zimmerausstattung, perfekter Service.

Cap Corse
La Corniche in San Martino di Lota, 13 km nördlich von Bastia, Tel. 0495/31 40 98, Fax 0495/ 32 37 69. Kleines, komfortables Hotel in ruhiger Lage abseits von Bastia mit romantischem Restaurant.

Corte
Auberge la Restonica,
Tel. 0495/46 20 13, Fax 0495/
61 03 91. Kleines Hotel inmitten des
Restonicatales mit sieben liebevoll
eingerichteten Zimmern, Hotel und
Restaurant überzeugen mit einer per-
sönlichen Atmosphäre.

Pinarellu
Résidence Alba Marina
Tel./Fax 0495/70 21 85. Kleine, liebe-
volle Apartmentanlage mit 10 Einhei-
ten, Swimmingpool und traumhaftem
Garten, 200 m zum Strand; ein Geheimtipp für Individualisten.

Porto Vecchio
Résidence Vasca d'Oro,
Tel. 0495/70 26 24, Fax 70 58 04.
Nur wenige Kilometer von den
schönsten Stränden der Insel ent-
fernt, großzügig ausgestattete Ferien-

wohnungen, Swimmingpool-Land-
schaft.

Hôtel Holzer
Tel. 0495/70 05 93, Fax 0495/
70 47 82. Gehört zur Gruppe der Logis de France; apartes Stadthotel in
der Rue Jean Jaurès 12 nahe dem
Zentrum, komfortable Zimmer zu an-
nehmbaren Preisen.

Serriera
Hotel Eden Park, Tel. 0495/26 10 60,
Fax 0495/26 14 74. 4-Sterne-Hotel;
eingebettet in das wunderschöne Na-
turszenarium der Westküste in absolut ruhiger Lage, herrlicher Garten,
Swimmingpool.

Zonza
Hôtel-Restaurant L'Incudine, Tel./Fax
0495/78 67 71. Kleines, gemütliches
Hotel im Alta Rocca nahe dem Col
de Bavella.

Der Strand von L'Ile Rousse gehört zu den weniger besuchten der Insel.

▶ KLIMA

In Korsika herrscht das typische Mittelmeerklima vor, das von heißen, trockenen Sommern und milden Wintern geprägt ist. Der Hauptniederschlag fällt zwischen Oktober und April. Wegen der bis

2700 m aufsteigenden Gebirge findet man im Zentrum
der Insel ab ungefähr 1500 m
Seehöhe alpine Verhältnisse
vor, wie diese aus den mitteleuropäischen Gebirgen be-
kannt sind. Zwischen No-
vember und März fällt reichlich Schnee, der in schattigen
Lagen bis in den Sommer
hinein liegen bleiben kann.
Das Meer behält bis Mitte
Oktober angenehme Tempe-
raturen.

▶ MÄRKTE

Neben den Wochenmärkten in den verschiedenen Orte werden Jahr-
märkte abgehalten, die nur einmal pro Jahr stattfinden:

Anfang Februar: Schweinemarkt in Renno

Mai: Brocciu-Markt in Renno

Anfang Juli: Weinmarkt in Luri

Mitte Juli: Ölmarkt in Montegrosso

Mitte Juli: Käsemarkt in Venaco

22. Juli: Kunstgewerbemarkt in Saint-Florent

Ende Juli: Olivenfest und Markt in Cassano

8. September: Kunstgewerbemarkt in Casamaccioli

11./12. Dezember: Kastanienfest und Markt in der Castagniccia

▶ NOTDIENSTE

Polizei: 17

Feuerwehr (Pompiers): 18

Notarzt, Ambulanz: 15

Gendarmerie: Ajaccio 0495/29 21 47

Bastia 0495/54 50 22

Calvi 0495/65 00 17

Corte 0495/46 04 81

Ghisonaccia 0495/56 00 17

Porto Vecchio 0495/70 00 17

Saint-Florent 0495/37 00 17

Sartène 0495/77 01 17

Pannenhilfe der AIT-FIPA Assistance 05/10 61 06

Seerettungsdienst (CROSSMED) in Ajaccio: 0495/20 13 63

▶ RADFAHREN

Der Radsport hat in Frankreich eine große Tradition und wird im Frühjahr und im Herbst entlang der Küstenstraßen am häufigsten betrieben. Die Bergstraßen stellen hohe Ansprüche an die Kondition und das fahrerische Können. Für Touren auf Straßen und Forstwegen sollte unbedingt ein Mountainbike verwendet werden. Beliebte Radstrecken sind zwischen Ajaccio und Porto, die Fahrten von Galéria ins Fangotal oder von Porto-Vecchio über die Nebenstraßen nach Pinarello und St-Lucie de Porto Vecchio. Für abwechslungsreiche Rundfahrten eignen sich die Straßen durch die Balagne und mit Einschränkung durchs Alta Rocca (große Höhenunterschiede). Mountainbiker werden entlang der Forstwege im Alta Rocca, in den Agriates und am Hochplateau von Coscione zu Füßen des Monte Incudine auf ihre Rechnung kommen. Auskünfte zum Radfahren auf Korsika erteilt der Radsportverein »Vivre la Corse en Vélo«, Résidence Napoléon, 23, Cours Général Leclerc, 20176 Ajaccio, Tel. 0495/21 96 94.

REISEZEIT

Die schönste Zeit für Korsikaaufenthalte sind späteres Frühjahr und der Herbst. Aus klimatischen Gründen ist der September zu bevorzugen, mit weniger Hitze und stabilerem Wetter. Dieser Monat eignet sich auch wie der Juni hervorragend zum Wandern. Badeurlaube kann man bereits ab Ende April einplanen, obwohl man an der Nordspitze noch mit kühlerem Wetter rechnen muss. Zu dieser Zeit blüht aber die Macchie am schönsten und verbreitet ihren berauschenden Duft auf der Insel. Wer einen Wanderurlaub mit einem Badeaufenthalt kombinieren möchte, sollte nicht zu zeitig im Frühjahr anreisen. Die Hochgebirgsregionen können selbst im Mai noch unter einer dichten Schneedecke liegen, sodass Wanderungen oberhalb der Waldgrenze problematisch werden. Für den GR 20 wird von der Verwaltung des Parc Naturel Régional der Zeitraum zwischen Juni und Ende Oktober empfohlen. Die Hauptreisezeit der Franzosen, Juli und August, sollte man unbedingt meiden.

SPRACHE

Wenngleich Französisch die offizielle Amtssprache ist, machen schon die meisten Ortsnamen deutlich, dass es auf Korsika eine eigene Sprache geben muss. Korsisch war lange Zeit unter der französischen Herrschaft verboten und erst in den 70er Jahren des 20. Jh. wieder in den Schulen zugelassen worden. Die Universität Corte verfügt seit 1989 über einen Lehrstuhl für korsische Sprache und Literatur.

Am Strand von Rondinaria

Das Korsische ist eine mit dem toskanischen Dialekt verwandte romanische Sprache, die sich aus dem Vulgärlatein entwickelte. Während der pisanischen Herrschaft zwischen dem 11. und 13. Jh. stand es unter dem nachhaltigen Einfluss des toskanischen Italienisch. Es wird innerhalb der Insel in regionalen Varianten gesprochen, die im Südwesten am stärksten ausgeprägt sind. Eine deutliche Sprachgren-

ze verläuft von Ajaccio nach Bastelica, Bocognano, Ghisoni und
Aléria. Nördlich davon wird zum Beispiel das 'v' wie 'b' ausgespro-
chen. Alte toskanische Endungen sind »-emu« und »-imu« statt »-ia-
mu«. Im südlichen Korsika macht sich das Sardische bemerkbar, etwa durch das Ersetzen des »l« durch »d«. Korsische Namen erkennt
man an den Endungen »-cci«, »-li« oder »-ni«.

▶ STRASSENVERKEHR

Korsika besitzt ein dichtes Straßennetz, das zwar fast jeden Ort der
Insel erschließt, jedoch auf oft sehr mühsam zu befahrenden Straßen.
Die meisten sind eng und extrem kurvig, sodass man manchmal nur
30 Kilometer in einer Stunde zurücklegen kann. Vor allem auf den
Gebirgsstraßen oder den Routen entlang der Westküste ist vorsichti-
ges und vorausschauendes Fahren von extremer Notwendigkeit. Hu-
pen Sie vor jeder uneinsichtlichen Kurve und achten Sie auf die ge-
mauerten Straßenränder und Brückenmauern. Man muss auch jederzeit mit Ziegen, Schafen oder Schweinen auf der Straße rechnen. Generell gilt: Rechtsfahrordnung, 50 km/h in den Orten, 90 km/h auf
den Überlandstraßen, Gurtenpflicht vorne und hinten, das Verwenden von Kindersitzen und maximal 0,5 Promille!

▶ TELEFONIEREN

Innerhalb Korsikas muss man stets die Vorwahl 04 95 verwenden.
Diese Vorwahl gilt auch für Ortsgespräche. An den meisten Telefon-
zellen kann man mit der Télécarte bezahlen, die in den Postämtern,
Tabakläden und den Büros der Telefongesellschaft France Telecom
erhältlich ist. Verkaufsstellen sind durch einen Aufkleber »Télécarte«
gekennzeichnet. Für Gespräche aus Deutschland, Österreich und
der Schweiz muss man die Länderkennzahl für Frankreich 00 33 vor-
wählen, gefolgt von 4 95 für Korsika. Vorwahl von Korsika nach
Deutschland 00 49, nach Österreich 00 43, in die Schweiz 00 41.

▶ WASSERSPORT

Wie jede Insel bietet Korsika zahlreiche Möglichkeiten, die verschiedenen Wassersportarten auszüben. Die mehr als 1000 km lange Küstenlinie sowie die zahlreichen Flüsse im Landesinneren machen Korsika zu einem wahren Wassersportparadies.

Rafting, Canyoning

Die klassische Route für reißende Schlauchbootfahrten führt von

Corte aus durch die Schluchten des Tavignano. Für Rafting eignen sich auch noch Abschnitte der Flüsse Taravo, Rizzanese, Asco, Liamone, Golo und Vecchio. Das immer beliebter werdende Canyoning wird in den Calanche von Piana aus betrieben.

Segeln

Der Segelsport ist auf Korsika sehr gut organisiert und durch die Fédération Française de Voile, Ligue Corse de Voile, Port de la Citadelle, 20000 Ajaccio, Tel. 0495/21 07 29, Fax 0495/21 38 41 vertreten. Die insgesamt 11 Segel- und Jachthäfen sind vor allem am Cap Corse, entlang der Ostküste sowie im Golf von Valinco zu finden. 10 kleinere Sporthäfen und ebenso viele natürliche Anlegestellen ergänzen das Angebot. In den Naturreservaten, die entlang der Küste häufig zu finden sind (Scandola, Iles de Lavezzi, Iles Cervicale, Ile de Finochiarola) gelten Einschränkungen, die unbedingt zu beachten sind.

Surfen

Zum Surfen eignet sich der Golfe de Santa Manza am besten, in dem eine stete Brise vom Meer landeinwärts weht. Hier haben sogar schon die französischen Surfmeisterschaften stattgefunden. Die Bucht von Pinarellu gilt ebenfalls als Surfrevier, hier bietet ein fliegender Händler in der Sommersaison Ausrüstung zum Leihen an.

Tauchen

Die naturbelassenen Küsten eignen sich mit einer reichen Unterwasserfauna und -flora hervorragend zum Tauchen. Vor allem die unter Naturschutz stehenden Regionen am Cap Corse, rund um Porto Vecchio, rund um die Inseln Cerbicale und Lavezzi, bei Propriano und Porto, bei Tizzano und im Golf von Valinco. Versunkene Schiffswracks gibt es bei Calvi, Porticcio, Porto Vecchio und Campoloro. Auskünfte erteilt die Fédération Française d'Etudes et de Sports Sousmarins, Comité Régional Corse, Chemin d'Erbajolo, 20090 Ajaccio, Tel. 0495/23 10 85, Fax 0495/23 10 84. Tauchclubs, die auch Geräte verleihen und Einführungskurse anbieten, gibt es in fast allen größeren Küstenorten wie Algajola, Bastia, Calvi, Galéria, L'Ile Rousse, Lumio, Poticcio, Porto Vecchio, Propriano, Sagone, Saint-Florent und in Solenzara.

Wildwasserkajak

Der beliebteste Fluss für Kajakfahrten ist der Asco. Die Abschnitte, die sich zum Raften eignen, können auch mit Wildwasserkajaks befahren werden.

DER AUTOR

Peter Mertz, geboren 1960 in Innsbruck, ist Biologe und Fotograf. Er arbeitet als freier Wissenschaftler, Fotograf und Buchautor in seinem "Büro für Ökologie & Kreativität" in Innsbruck. Seine Arbeiten sind in verschiedenen Reisemagazinen wie "Geo Saison", "Globo" und "Merian" erschienen. Für Bruckmann hat er Naturwanderführer, Wanderführer und Bildbände zu diversen Themen veröffentlicht.

Eine Produktion des Bruckmann-Teams, München
Lektorat: Dr. Renate Dernedde
Herstellung: Hubert Bertele und Team
Layout und Satz: Der Buchmacher, Arthur Lenner, München
Kartografie: Elsner & Schichor, Karlsruhe
Umschlaggestaltung: Studio Schübel, München

Bildnachweis
Alle Fotos auf der Umschlagvorder- und Umschlagrückseite sowie im Innenteil von Peter Mertz.

Alle Angaben dieses Werkes wurden vom Autor sorgfältig recherchiert und auf den aktuellen Stand gebracht sowie vom Verlag auf Stimmigkeit geprüft. Für die Richtigkeit der Angaben kann jedoch keine Haftung übernommen werden. Für Hinweise und Anregungen sind wir jederzeit dankbar. Bitte richten Sie diese an den Bruckmann Verlag, Lektorat, Postfach 80 02 40, 81602 München, E-Mail lektorat@bruckmann.de.

Gedruckt auf chlorfrei gebleichtem Papier

Die Deutsche Bibliothek - CIP-Einheitsaufnahme
Ein Titeldatensatz für diese Publikation ist bei
Der Deutschen Bibliothek erhältlich.

Gesamtverzeichnis gratis:
Bruckmann Verlag GmbH, 81664 München
Internet: www.bruckmann.de

© 2002 Bruckmann Verlag GmbH, München
Alle Rechte vorbehalten.
Printed in Printed in Italy by Printer Trento S. r. l
ISBN 3-7654-3634-8

KORSIKA

Bruckmanns »Wandern & Erleben« vereint die Informationen eines Reiseführers mit denen eines Wanderführers:

- Eine herausnehmbare Faltkarte zeigt die UrlaubsRegion, die Lage der Sehenswürdigkeiten und Wanderungen im Überblick.

- 30 ausgewählte Wanderungen führen durch die schönsten Landschaften, zu den interessantesten Sehenswürdigkeiten.

- 30 Kartenskizzen und eine Übersichtskarte erlauben eine schnelle Orientierung.

- Infokästen erleichtern den raschen Überblick.

- Viele praktische Tipps für die aktive Freizeitgestaltung.

- Praktische Reise-Informationen mit Restaurants, Hotels etc. helfen bei der Urlaubsplanung.

ISBN 3-7654-3634-8

9 783765 436345

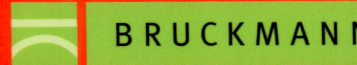

BRUCKMANN